APRENDA A INVESTIR EM
AÇÕES

Eric Dornelas

APRENDA A INVESTIR EM AÇÕES

Eric Dornelas

www.ericdornelas.com.br

Copyright © 2019

Todos os direitos reservados. Nenhuma parte deste livro poderá ser reproduzida ou retransmitida em qualquer forma por qualquer meio, eletrônico, mecânico, fotocópia, gravação ou outro, sem a prévia autorização por escrito do autor. Para mais informações envie um email para: contato@ericdornelas.com.br.

Embora o autor e editor tenham feito todos os esforços para garantir que as informações contidas neste livro estivessem corretas na época da publicação, o autor e editor não se responsabilizam perante qualquer perda, dano ou inconvenientes causados a pessoas ou a organizações que utilizarem as informações e estratégias descritas neste livro.

Os nomes dos personagens, eventos, lugares e negócios citados neste livro são ou produto da imaginação do autor ou usados de forma fictícia. Qualquer semelhança com pessoas reais, vivas ou mortas ou eventos reais é mera coincidência.

Todas as marcas registradas citadas neste livro são propriedades de seus respectivos donos e foram utilizadas sem intenções de infringir os direitos da marca, apenas de forma descritiva e sem ter qualquer vínculo com este livro.

Ilustrações pelo autor.

ISBN: 9781079321029

ÍNDICE

INTRODUÇÃO	15
Capítulo 1 Dúvidas comuns	17
O que é uma ação?	17
Para que serve uma ação?	17
Como posso investir em ações?	17
O que é uma Bolsa de Valores?	17
De quanto dinheiro eu preciso para investir em uma ação?	18
Como ganho dinheiro com ações?	18
Investir em ações é arriscado?	18
Por onde começar?	18
Capítulo 2 O que são Ações?	21
Dúvidas Comuns	25
Capítulo 3 Por que investir em ações?	27
Rendimentos Ilimitados	30
Capítulo 4 Bolsa de Valores	35
Mercados Primário e Secundário	37
Dúvidas Comuns	38

Capítulo 5   Sistema Financeiro   41

   O que é o sistema financeiro?   42

   Órgãos de Regulação   43

      Conselho Monetário Nacional (CMN)   44

      Banco Central do Brasil (BACEN)   44

      Comissão de Valores Mobiliários (CVM)   45

   Autorregulação   46

      ANBIMA   46

      Bolsa de Valores   47

Capítulo 6   Tipos de Ações   49

   Dúvidas Comuns   51

Capítulo 7   Abertura de Capital   53

   Segmentos de Listagem   54

   Dúvidas Comuns   58

Capítulo 8   Mercado Acionário   61

   Instituição escrituradora   61

   Bolsa de Mercadorias e Futuros   62

   Corretoras de Títulos e Valores Mobiliários   63

   Distribuidoras de Títulos e Valores Mobiliários   63

   Agentes Autônomos de Investimento   63

   Câmara de Compensação e Liquidação   64

   Analistas   64

   Agências de Risco   65

Capítulo 9   Como funciona a Bolsa de Valores   67

Operando na Bolsa	67
Negociação de Ações	68
Código das Ações	68
Liquidação das Operações	70
Custódia das Ações	70
Tipos de Mercado	71
Horário de Funcionamento	73
Leilão ou Call de Abertura	73
Leilão ou Call de Fechamento	74
Leilões Durante o Pregão	74
Suspensão das Negociações	75
Dúvidas Comuns	75
Capítulo 10 Eventos Acionários	77
Dividendos	78
Juros Sobre Capital Próprio	79
Bonificação de Ações	80
Subscrição	82
Exercendo direitos de subscrição	83
Vendendo seus direitos	83
Deixando os direitos expirarem	84
Grupamento	84
Desdobramento	86
Frações	87
Data Ex e Data COM	88
Dúvidas Comuns	88

Capítulo 11 Valores mínimos, Rendimentos, Custos, Liquidez e Riscos ... 91

    Valores Mínimos ... 91

    Rendimentos ... 92

    Custos ... 95

    Liquidez ... 99

    Riscos ... 100

        Risco de Mercado ... 101

        Risco Econômico ... 102

        Risco Regulatório ... 102

        Risco Tributário ... 103

        Risco Judicial ... 103

        Riscos Específicos ... 103

        Risco de Liquidez ... 104

Capítulo 12 Contabilidade para investidores ... 105

    Balanço Patrimonial ... 106

    Demonstração do Resultado do Exercício ... 121

    Demonstração do Fluxo de Caixa ... 126

    Dúvidas Comuns ... 132

Capítulo 13 Análise de Empresas ... 133

    Encontrando Boas Empresas ... 134

        Lucro ... 134

        Receitas ... 135

        Dívidas ... 135

        Caixa ... 136

        Patrimônio Líquido ... 136

ÍNDICE 9

Fluxo de Caixa	136
Eventos Não Recorrentes	136
Eventos sem Efeito Caixa	137
Atenção aos minoritários	138
Relação com Investidores	138
Performance	138
Liquidez	139
Definindo Critérios	139
Resultados Passados e Futuros	141
Exemplos Práticos	142
Lucro	142
Margem Líquida	147
ROE	149
Dívida	150
Fluxo de Caixa	152
Conclusão	156
Capítulo 14 Investidor ou Especulador	157
Dúvidas comuns	162
Capítulo 15 Psicologia do Investidor	165
O Investidor Inteligente	167
Vieses Psicológicos	169
Ancoragem	169
Aversão à Perda	169
Viés de Confirmação	170
Autoconfiança excessiva	170
Capítulo 16 Estratégia de Investimentos	171

Preparando-se para Investir em Ações ... 172

Montando a Estratégia ... 173

    Invista em várias empresas diferentes ... 173

    Defina Valores ... 174

    Mantenha anotações ... 175

    Faça compras periódicas com valores reduzidos ... 175

    Controle seus investimentos ... 175

    Defina quando irá vender suas ações ... 176

    Revise seu plano periodicamente ... 177

    Siga o plano ... 178

Dúvidas Comuns ... 179

Resumo ... 181

Capítulo 17   Corretora de Valores ... 183

Escolhendo uma Corretora ... 184

Abrindo Uma Conta Na Corretora ... 185

Transferindo Dinheiro ... 186

Resgatando Dinheiro ... 187

Riscos da Corretora ... 188

Dúvidas Comuns ... 189

Capítulo 18   Homebroker ... 191

Apresentação do Homebroker ... 191

    Carteira de ações ... 193

    Saldo da conta corrente ... 193

    Gráfico do preço da ação ... 194

    Livro de ofertas ... 197

    Formulário para envio de ordens ... 197

Cesta de ordens	198
Comprando e Vendendo uma Ação	198
Nota de Corretagem	204
Dúvidas comuns	205
Capítulo 19 Administrando seu Patrimônio	207
Canal Eletrônico do Investidor	208
Consultar Ações em Custódia	209
Consultar Proventos	211
Consultar extrato da conta de custódia	212
Consultar Negociação de Ativos	213
Planilhas de Excel	214
Aplicativos	215
Dúvidas Comuns	215
Capítulo 20 Imposto de Renda	217
Calculando Lucros e Prejuízos nas Operações com Ações	218
Mercado à Vista	219
Daytrade	223
Preenchimento e Envio da DARF	225
Declaração Anual do Imposto de Renda	226
Lucros e prejuízos nas operações com ações	226
Ações que você possui	228
Valores recebidos como Dividendos	230
Valores recebidos como JCP	231
Valores recebidos como Bonificação	232
Valores recebidos como Frações	233

Valores recebidos como Rendimentos sobre JCP	234
JCP em trânsito	235
Dúvidas Comuns	237

Capítulo 21 Enriquecendo seu conhecimento — 239

Economia	239
Política Monetária	240
Análise de Empresas	241
Relação com os Investidores	242
Estratégias de Investimento	242
Controle de Investimentos	243
Especular	243
Remunerar sua Carteira de Ações (Aluguel)	243
CONCLUSÃO	245
REFERÊNCIAS	247
LISTA DE FIGURAS	251
LISTA DE TABELAS	255
ÍNDICE ANALÍTICO	259
SOBRE O AUTOR	275

INTRODUÇÃO

Os livros da série *Aprenda a Investir* têm como objetivos proporcionar ao investidor iniciante o conhecimento necessário para trilhar seu próprio caminho no mundo dos investimentos financeiros e começar a investir com segurança e tranquilidade.

Os assuntos são apresentados em linguagem simples e cotidiana e sempre buscando uma abordagem prática. Se você é iniciante e não sabe por onde começar, este livro procura mostrar-lhe como dar os primeiros passos, iniciando com o pé direito.

O livro *Aprenda a Investir em Ações* vai introduzi-lo ao mundo da renda variável e da Bolsa de Valores. O assunto é vasto e sua completa compreensão envolve não só o mercado financeiro e a economia, como também todas as esferas das nossas vidas, afinal as empresas em cujas ações você pode investir atuam nas mais diversas áreas. Por isso, neste livro, iniciamos com uma rápida olhada nos fundamentos econômicos por trás do investimento em ações e na organização do mercado financeiro no Brasil.

A exposição à dinâmica dos preços das ações e a possibilidade de ganhos elevados pode levar os investidores a agir precipitadamente se não estiverem preparados. Desta forma, este livro também trata do preparo para evitar as armadilhas psicológicas do investimento em renda variável e como desenvolver estratégias vencedoras no longo prazo.

Em seguida, os capítulos sobre como analisar empresas, escolher uma corretora, comprar ações e como fazer um controle dos seus investimentos lhe darão a visão prática necessária para começar no caminho certo.

Por fim, são apresentados tópicos nos quais você pode querer se aprofundar, bem como um guia sobre o Imposto de Renda no investimento em ações.

Ao final da leitura, você estará pronto para tomar suas decisões, elaborar sua estratégia e executar seus planos de investimento em ações na Bolsa de Valores.

Boa leitura e bons investimentos!

CAPÍTULO 1

DÚVIDAS COMUNS

O que é uma ação?

Ação é a menor parcela do capital social das companhias ou sociedades anônimas. Traduzindo para você, uma ação é como se fosse um "papel" que representa uma parte de uma empresa. Quem possui esse "papel" passa a ser dono dessa fração da empresa.

Para que serve uma ação?

Sendo dono de uma ação, você passa a ter os direitos que o dono da empresa possui, o que inclui, entre outras coisas, receber sua parte do lucro.

Como posso investir em ações?

Inicialmente, é preciso abrir conta em uma corretora de valores, transferir seu dinheiro para a corretora e, então, comprar as ações na Bolsa de Valores.

O que é uma Bolsa de Valores?

A Bolsa de Valores é uma empresa que proporciona a negociação de ações entre investidores de maneira ágil e segura.

De quanto dinheiro eu preciso para investir em uma ação?

Na Bolsa de Valores do Brasil (atualmente só existe uma) você pode comprar, no mínimo, uma ação. O preço das ações varia para cada empresa, mas grande parte está na faixa de R$5,00 a R$100,00. Ou seja, com cerca de R$10,00 você já pode começar seus investimentos no mercado de ações.

Como ganho dinheiro com ações?

As principais maneiras de se ganhar dinheiro com ações são através da participação nos lucros e com a valorização da própria ação.

Investir em ações é arriscado?

O mercado de ações possui uma grande quantidade de investidores negociando simultaneamente. Num único dia, bilhões de reais trocam de mão na Bolsa de Valores por meio da negociação de ações. Isto significa que as variações nos preços das ações são rápidas e, às vezes, podem ser negativas. Um investidor inexperiente pode se assustar e, em pânico nos momentos de baixa, acabar vendendo suas ações. Porém, não se preocupe, existem maneiras de reduzir os seus riscos e evitar estas situações. Neste livro veremos algumas delas.

Por onde começar?

Antes de comprar sua primeira ação, é preciso conhecer os fundamentos do nosso sistema econômico e como funcionam as empresas e a Bolsa de Valores. Só assim você terá a postura mental necessária para fazer suas escolhas com confiança e segurança para enfrentar momentos de crise, além de evitar possíveis frustrações pelo sonho de enriquecer do dia para a noite.

Lendo este guia, você está começando sua jornada com o pé direito.

CAPÍTULO 2

O QUE SÃO AÇÕES?

Vamos imaginar que eu, você e nosso amigo, o João, desejamos abrir uma empresa, a INVESTINDO S.A.

Para fazer isso precisaremos tirar dinheiro do bolso e comprar os equipamentos e imóveis necessários à empresa. Suponhamos que o valor necessário para fazer isso seja de R$10.000,00, sendo que eu tenho R$3.000,00, você tem R$4.000,00 e o João, R$3.000,00. Este valor é chamado de **Capital Social**.

Sócios	Valor aplicado
Eu	R$3.000,00
Você	R$4.000,00
João	R$3.000,00
Capital Social	**R$10.000,00**

Tabela 1 Divisão do Capital Social da INVESTINDO S.A.

Somos todos donos da empresa, porém seu investimento foi maior do que os nossos, meu e do João. Isto gera algumas dificuldades:

- Como dividiremos a posse da empresa?

- Como dividiremos os lucros?
- Quem irá decidir os rumos da empresa?

A solução mais fácil para esses problemas é dividir a empresa em pequenas partes imaginárias – as ações – e distribuí-las entre nós de forma proporcional ao dinheiro investido.

Assim, podemos definir que a empresa terá 100 ações. Sendo o capital social igual a R$10.000,00, cada ação equivalerá a R$100,00. Como João e eu aplicamos R$3.000,00, cada um fica com 30 ações e, você, que aplicou R$4.000,00, fica com 40 ações.

Sócios	Valor aplicado	Ações
Eu	R$3.000,00	30
Você	R$4.000,00	40
João	R$3.000,00	30
Capital Social	**R$10.000,00**	**Total: 100**

Tabela 2   Divisão acionária da INVESTINDO S.A.

Podemos, então, definir "ação" como sendo:

A menor parcela do capital social das companhias ou sociedades anônimas.

Neste livro, quando nos referirmos às ações de empresas, estamos tratando especificamente de empresas que legalmente se enquadram na categoria **sociedade anônima**.

Há diversos tipos de empresa: companhia, limitada, individual, sociedade simples etc. Cada uma delas possui suas próprias características quanto à formação, responsabilidade dos donos e outros aspectos legais. Não entraremos em detalhes aqui, mas certamente é um assunto a ser explorado caso algum dia você queira estudar mais a fundo o mundo empresarial.

Resumindo, uma ação é uma fração de uma empresa que dá direitos e exige deveres do sócio que a possui.

A definição do Capital Social, do número de ações, das responsabilidades, dos direitos e de qualquer outro detalhe da formação da empresa são estabelecidos em um documento chamado Estatuto Social.

Abaixo, temos um trecho do Estatuto Social da AMBEV S.A.[1]:

CAPÍTULO II

CAPITAL SOCIAL E AÇÕES

Artigo 5º - O Capital Social é de R$ 57.614.139.847,33, dividido em 15.717.615.419 ações ordinárias nominativas, sem valor nominal.

§ 1º - Cada ação ordinária terá direito a um voto nas deliberações da Assembleia Geral.

§ 2º - As ações da Companhia são escriturais, mantidas em conta de depósito em nome de seus titulares, junto à instituição financeira indicada pelo Conselho de Administração.

§ 3º - É facultado à Companhia suspender os serviços de transferências e desdobramentos de ações e certificados para atender a determinação da Assembleia Geral, não podendo fazê-lo, porém, por mais de 90 (noventa) dias intercalados durante o exercício, e tampouco por mais de 15 (quinze) dias consecutivos.

Artigo 6º - A Companhia está autorizada a aumentar seu capital social até o limite de 19.000.000.000 (dezenove bilhões) de ações, independentemente de reforma estatutária, mediante deliberação do Conselho de Administração, que deliberará sobre as condições de integralização, as características das ações a serem emitidas e o preço de emissão, bem como estabelecerá se o aumento se dará por subscrição pública ou particular.

Figura 1   Reprodução de trecho do Estatuto Social da AMBEV S.A.

---

1 Disponível em: http://ri.ambev.com.br/

A exemplo da AMBEV, ao criarmos a INVESTINDO S.A., definiremos no Estatuto Social todas as questões relativas ao funcionamento da nossa empresa. Portanto, já podemos solucionar alguns dos problemas que levantamos antes:

Como dividiremos a posse da empresa?

A posse será definida pela quantidade de ações que cada um possui.

Como dividiremos os lucros?

Podemos dividir os lucros de forma proporcional ao número de ações. Por exemplo, se a empresa tiver R$1.000,00 de lucro, dividimos este lucro igualmente pelas 100 ações existentes, resultando em R$10,00 de lucro por ação. Cada um receberá então R$10,00 para cada ação que possui.

Quem decidirá os rumos da empresa?

Uma empresa de Sociedade Anônima é administrada por Diretores e por um Conselho de Administração. Quem escolhe as pessoas que ocuparão estes cargos são os acionistas, através de uma Assembleia de Acionistas.
Nas assembleias, as decisões são tomadas por voto. Podemos, então, definir que cada ação corresponderá a um voto. Para uma decisão ser tomada, é preciso que haja maioria dos votos aprovando-a.
Na INVESTINDO S.A. pelo menos dois sócios terão que chegar a um acordo para obterem maioria dos votos, caso contrário, nada será decidido. Podemos afirmar isso devido às ações estarem divididas de forma equilibrada entre eu, você e o João, dando-nos poder de voto semelhante.

Suponhamos que as coisas fossem um pouco diferentes e que eu e João somados tivéssemos apenas 40 ações, enquanto você tivesse 60 ações.

Sócios	R$ aplicado	Ações
Eu	R$2.000,00	20
Você	R$6.000,00	60
João	R$2.000,00	20
Capital Social	R$10.000,00	**Total: 100**

Tabela 3   Divisão acionária da INVESTINDO S.A. tendo um acionista majoritário.

Nesse caso, mesmo que eu e João discordássemos de alguma coisa, você teria maioria dos votos. Isto quer dizer, basicamente, que seremos obrigados a seguir as decisões que você tomar. Quando um sócio possui quantidade de ações suficientes para ter maioria dos votos nas assembleias e, portanto, poder de eleger quem ele queira para a Direção da empresa, ou poder de tomar qualquer outra decisão, este sócio é chamado de **acionista controlador** ou acionista/sócio majoritário. Os demais sócios neste caso são chamados de **sócios minoritários**.

Dúvidas Comuns

Quais as responsabilidades do acionista?

Se você não exerce papel na administração da empresa, suas responsabilidades são limitadas. No caso das empresas de sociedade anônima, o patrimônio da empresa não se mistura com o patrimônio dos acionistas. Porém, no caso dos acionistas controladores e dos administradores, estes podem ter responsabilidade legal sobre as ações ou dívidas da empresa, especialmente caso seja identificado fraude ou má índole.

O que acontece quando uma empresa declara falência?

A declaração de falência significa que a empresa não pode pagar suas dívidas. Neste caso, os acionistas são considerados como credores da empresa, no entanto, na fila de prioridade de pagamento das dívidas da empresa, os acionistas entram em último. Portanto, o mais provável é que o acionista nunca receba o dinheiro investido de volta.

CAPÍTULO 3

POR QUE INVESTIR EM AÇÕES?

Se você quer se tornar rico, do tipo que passa os dias fazendo o que quer, sem se preocupar com dinheiro, você pode tentar se tornar um astro da música, esportista famoso ou quem sabe, receber uma herança generosa. Por outro lado, se nenhuma dessas possibilidades está a seu alcance, suas maiores chances estão em se tornar um empresário.

Talvez você imagine que esta opção também esteja distante, já que você não leva jeito para ter empresa, não quer se arriscar, não tem tempo ou não tem o dinheiro necessário.

Existe uma solução para estes problemas: as ações de empresas negociadas em Bolsa de Valores.

Ações são relativamente baratas, fáceis de serem negociadas e permitem ao seu possuidor, mesmo que seja um pequeno investidor, tornar-se sócio de empresas gigantes, sem ter o ônus de administrá-la, e com o ponto positivo de usufruir da sua parte do lucro.

Para entender por que, para o pequeno investidor, só o investimento em ações pode resultar em rendimentos extraordinários capazes de mudar sua vida, é preciso compreender um pouco do nosso sistema econômico e de seu principal ator, o empreendedor.

Vivemos em um sistema capitalista. Neste sistema, o principal responsável em criar valor para a sociedade é o empresário. São as empresas que inventam produtos que tornam sua vida melhor e mais fácil, são elas que pegam matérias primas como o aço e o ferro, e as transformam em carros, computadores e celulares.

No sistema capitalista tudo ocorre através de trocas. Você troca seu tempo por um salário, o empresário troca o dinheiro dele pelo seu trabalho, você troca o seu salário por produtos e, assim, o ciclo prossegue.

À medida que o homem evolui, tendo novas ideias e criando novas tecnologias, ele consegue produzir melhores produtos em maiores quantidades, facilitando o desenvolvimento de novas atividades e possibilitando novas descobertas e invenções. Essas melhorias também geram uma redução nos custos o que permite aumentar a oferta de produtos e sua aquisição por pessoas que antes não poderiam possuí-los.

Isto gera para a humanidade um crescimento contínuo de valor, representado pelo aumento na qualidade de vida e no acesso das pessoas a bens e produtos. Para comprovar esta afirmação, basta você comparar sua qualidade de vida hoje com a de pessoas há 100 anos atrás.

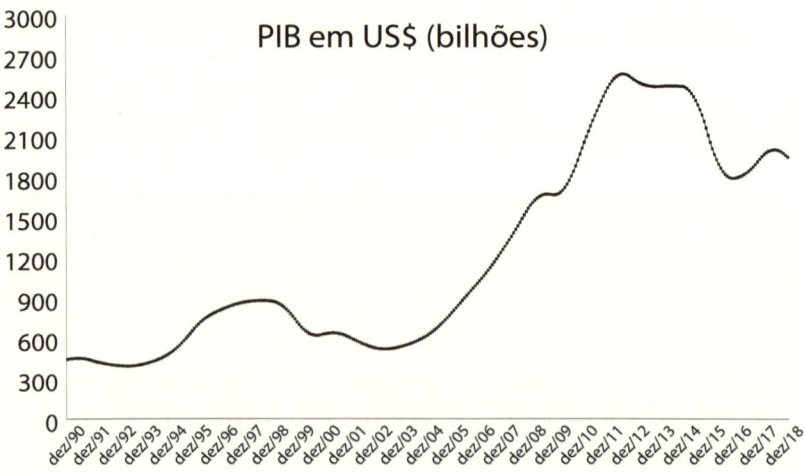

Figura 2 Evolução do Produto Interno Bruto do Brasil, em US$, no período de 1990 a 2018[1].

---

1 Fonte: Banco Central

POR QUE INVESTIR EM AÇÕES? 29

Uma forma de se avaliar a riqueza gerada por um país é a determinação de seu Produto Interno Bruto (PIB). Na Figura 2, temos um gráfico com a evolução do PIB, de 1990 a 2018. Observe como a produção de riqueza no Brasil cresceu ao longo desse tempo. Observe também como as crises financeiras dos últimos anos impactaram na riqueza produzida no país, gerando uma redução no PIB.

Podemos dizer que a sociedade tende a produzir cada vez mais e melhor (exceto nos casos em que ocorre grande destruição de riqueza como nas crises financeiras, sejam quais forem suas origens), o que, em outras palavras, quer dizer que todos ficam cada vez mais ricos.

Isso pode ser verificado na Figura 3, que nos mostra a evolução da riqueza gerada para cada habitante no Brasil (PIB per capita), de 1990 a 2018. Observe como há uma tendência de crescimento ao longo desse tempo, afetada recentemente pela crise financeira que o país vem enfrentando.

Figura 3 Evolução do Produto Interno Bruto Per Capita em US$, no período de 1996 a 2018.[2]

---

2 Fonte: Banco Central

Na Figura 4, podemos verificar a mesma tendência de crescimento, desta vez, no PIB mundial.

Nesse sistema de criação e aumento de riqueza ao longo do tempo, as empresas são peça chave.

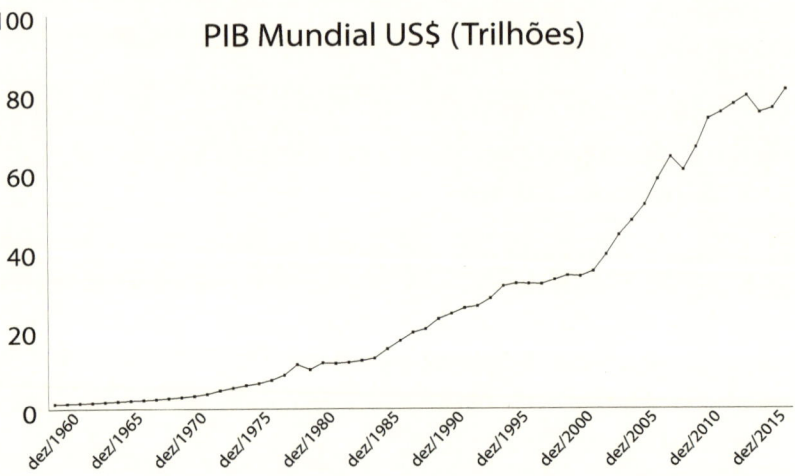

Figura 4 Crescimento do PIB mundial a partir de 1960[3].

Rendimentos Ilimitados

O grande diferencial das empresas em relação a outros investimentos é que o rendimento que pode ser obtido é ilimitado. E, por isso, o risco envolvido em se ter uma empresa é maior.

Em um investimento de renda fixa, o rendimento estará limitado à taxa combinada no ato da compra, que varia muito pouco em relação à média do mercado. Para obter melhores taxas de rendimento na renda fixa o investidor precisa aumentar seu risco de forma desproporcional aos ganhos que possa vir a ter.

Já um empresário que, por exemplo, investe para abrir uma fábrica, arrisca seu dinheiro com a compra de maquinário, imóveis e o pagamento de empregados visando ter lucro com os

---

3 Fonte: World Bank

produtos que fabricará. No entanto, este lucro só estará limitado pelo interesse dos consumidores em seus produtos. Se muitos consumidores estiverem interessados, as vendas e o lucro aumentarão.

Outro fator importante é que, antes de optarem por arriscar seu dinheiro, os empreendedores analisam se o retorno esperado com a empresa supera as outras opções de investimento menos arriscadas. Afinal, por que gastar sua energia, tempo e dinheiro em um negócio, se ele não irá render mais do que a renda fixa, que dá muito menos trabalho e tem um risco menor.

Assim, além dos rendimentos serem ilimitados, é esperado que as empresas gerem mais retorno do que outras modalidades de investimento, caso contrário, seus donos investiriam seu tempo e dinheiro de outra forma.

Uma vez obtido algum lucro, o empresário poderá, então, optar por pegá-lo para si ou reinvesti-lo na empresa, buscando crescimento, redução de custos, etc.

Ao se tornar sócio de uma empresa, você participa deste processo emprestando o seu dinheiro ao empresário e recebendo uma ação em troca. Essa ação representa um pequeno pedaço da empresa, que lhe dá direito a ter a sua parte dos lucros. Além disso, o preço das ações acompanha o crescimento da empresa ao longo do tempo, podendo gerar um aumento do patrimônio do acionista, como veremos a seguir.

ATENÇÃO

A análise do rendimento das empresas mostrada a seguir foi feita apenas como ilustração dos conceitos explicados neste livro e não deve ser considerada como recomendação de investimento. As empresas foram escolhidas de forma aleatória levando-se em conta a disponibilidade dos dados necessários. Tenha em mente que rendimentos passados não são garantia de rendimentos futuros

---

Vamos analisar a evolução de R$1.000,00 investidos em algumas empresas listadas na Bolsa de Valores no período de 01/06/2009 a 01/03/2019, ou seja, um período de praticamente 10 anos.

Na Tabela 4 temos, especificados por empresa:

- Rendimento total;
- Média anual de rendimento;
- Rendimento real (rendimento corrigido pela inflação); e
- Valor final obtido com o investimento inicial de R$1.000,00.

Ação	Rend. Total	Anual	Rend. Real	Valor Final
ODPV3	2042%	36%	1133%	R$ 21.424,38
GRND3	1814%	34%	1001%	R$ 19.138,19
RADL3	1114%	28%	598%	R$ 12.138,83
ABEV3	1023%	27%	546%	R$ 11.231,43
EZTC3	987%	27%	525%	R$ 10.865,84
EGIE3	496%	20%	243%	R$ 5.960,09
MULT3	470%	19%	228%	R$ 5.702,84
BBDC3	357%	16%	163%	R$ 4.572,60
ITUB3	329%	16%	147%	R$ 4.286,52
BBAS3	329%	16%	147%	R$ 4.286,37
CCRO3	277%	14%	117%	R$ 3.766,82
CIEL3	243%	13%	97%	R$ 3.431,71
EMBR3	165%	10%	52%	R$ 2.649,97
CDI	155%	10%	47%	R$ 2.549,27
NATU3	148%	10%	43%	R$ 2.481,54
VALE3	115%	8%	23%	R$ 2.146,70
IBOV	93%	7%	11%	R$ 1.926,30
PETR3	-14%	-2%	-51%	R$ 857,35

Tabela 4 Rendimentos total, anual e real, e valor final calculado com base num investimento inicial de R$ 1.000,00 por ação de algumas empresas brasileiras, negociadas em Bolsa de Valores, no período de 01/06/2009 a 01/03/2019, considerando-se as cotações históricas mensais ajustadas[4], bem como o índice CDI e o índice IBOVESPA.

---

4 Fonte: Yahoo Finance.

Observe na Tabela 4 como, considerando este grupo de empresas, algumas apresentaram crescimento discrepante, outras apresentaram bons rendimentos, algumas ficaram na média e uma terminou no prejuízo.

Na Tabela 4 também há o resultado do índice CDI para o mesmo período. O índice CDI é um índice utilizado para remunerar investimentos de renda fixa e está sendo utilizado aqui como referência. Observe como algumas empresas conseguem rendimentos expressivamente superiores ao CDI. É este rendimento que o investidor de ações espera obter trocando a segurança da renda fixa pelo risco elevado do investimento em ações.

Por fim, na Tabela 4 também está especificado a evolução do índice IBOVESPA para o mesmo período. O IBOVESPA simula o resultado de um investimento em uma carteira teórica de ações, baseado em critérios definidos pela Bolsa. Trata-se de uma tentativa de representar o desempenho geral das ações, servindo de referência para comparações e avaliações de desempenho.

É importante notar que, neste estudo, estão apenas algumas das empresas listadas na Bolsa de Valores. Existem empresas que, para o período analisado, podem ter tido resultados superiores ou inferiores aos mostrados. Há também aquelas que faliram, foram compradas ou deixaram de negociar suas ações na Bolsa.

Como saber, então, em qual empresa investir para não acabar perdendo seu dinheiro? E como saber qual empresa trará rendimentos que compensem os riscos envolvidos? São essas questões que atormentam o sono dos investidores da Bolsa de Valores. No entanto, como discutiremos ao longo deste livro, a solução para esses problemas está em dois pilares:

- Identificar empresas que tragam retorno ao acionista, e
- Reduzir ao máximo seu risco.

O ponto mais importante é claro, é controlar seus riscos. Saber se uma empresa trará retornos excepcionais exigiria a capacidade de adivinhar o futuro, façanha que nenhum investidor conseguiu até o momento. Porém, observe como a maioria das empresas da Tabela 4 gerou rendimentos consideráveis.

Podemos considerar que, se você fizer uma seleção adequada de empresas, mesmo que não obtenha rendimentos excepcionais, acabará conseguindo rendimentos consideráveis.

CAPÍTULO 4

BOLSA DE VALORES

A nossa empresa, a INVESTINDO S.A., teve um bom desempenho e sentimos que chegou a hora de crescer. Para isso, precisamos aplicar mais dinheiro na empresa. Temos algumas opções para isso:

- Aplicarmos mais dinheiro nosso;
- Pegarmos um empréstimo no banco; ou
- Encontrarmos mais um investidor.

Nem sempre os donos têm dinheiro suficiente para continuar financiando o crescimento da sua empresa pois, às vezes, isso pode envolver uma quantidade de dinheiro bem elevada.

A opção de emprestar dinheiro de bancos pode ser considerada. No entanto, temos que levar em conta que será preciso pagar este empréstimo no prazo estipulado pelo banco e ainda, com juros. Isso nos traz à mente alguns questionamentos:

- E se por acaso nosso plano der errado?
- E se não conseguirmos obter os resultados no prazo que estamos imaginando?
- E se o banco só oferece empréstimos que exigem o início do pagamento em datas que não estão de acordos com o nosso plano?

Por essas razões, pegar dinheiro emprestado nem sempre é factível.

Por outro lado, se conseguirmos mais um investidor para a empresa, dando-lhe em troca algumas ações, é ele quem assumirá os riscos, não haverá juros a pagar e tampouco prazo para pagamento da dívida. Parece a opção perfeita, em que todos saem ganhando:

- Nós obtemos o dinheiro que precisamos para financiar o crescimento da INVESTINDO S.A.
- O investidor adquire uma participação na empresa e, se nossos planos derem certo, ganhará um bom dinheiro com crescimento da INVESTINDO S.A.

Onde se encontra um investidor? Seria tão bom se houvesse um lugar onde investidores e empresas se reunissem para entrar em um acordo.

Bem, este lugar existe e é chamado Bolsa de Valores.

A Bolsa de Valores também é uma empresa, e o serviço que ela presta é reunir investidores e empresas através de um sistema de negociação de ações que seja confiável e seguro para todos.

Antigamente, antes dos computadores e da internet, a negociação era feita pessoalmente no prédio da Bolsa através dos corretores, que representavam seus clientes e executavam as ordens que lhes eram enviadas por telefone.

Atualmente, o sistema é todo informatizado e tudo é feito pela internet.

Além de promover o contato entre os investidores e as empresas, a Bolsa de Valores é responsável por vários aspectos essenciais a um correto funcionamento do mercado de ações:

- Através de suas regulações obriga as empresas a atuarem de forma clara e correta;
- Garante a segurança das negociações;

- Possibilita que as compras e vendas sejam feitas sempre pelo melhor preço;
- Garante a guarda e o registro das ações;
- Possibilita a negociação entre os investidores; e
- Padroniza a negociação de ativos, facilitando os negócios

Sem a Bolsa de Valores, mesmo que conseguíssemos algum investidor para a INVESTINDO S.A., ainda assim teríamos alguns problemas:

- E se algum sócio quiser vender suas ações, quem as comprará?
- Como determinar o preço de cada ação?

Dessa forma, permitindo esse contato entre os investidores e as empresas, dando segurança e facilidade às negociações e provendo uma forma de acompanhar resultados e efetuar análises e comparações das empresas, a Bolsa de Valores exerce uma função chave no mercado financeiro que resulta em mais dinheiro disponível para as empresas, investidores satisfeitos e crescimento para o país.

Atualmente, no Brasil, existe apenas uma Bolsa de Valores, a B3 S.A.

Mercados Primário e Secundário

Na B3 existem dois tipos de mercado de negociação:

- Mercado primário; e
- Mercado secundário.

A primeira vez que alguma empresa resolve vender suas ações na Bolsa de Valores, ela passa por um processo chamado de *Initial Public Offering* (IPO) ou Oferta Pública Inicial, em que ela anuncia sua intenção de vender parte de suas ações, ato conhecido como **abertura de capital**, e os investidores anunciam suas intenções de comprá-las. Neste caso, está ocorrendo uma negociação de ações entre a empresa e os investidores, o que é chamado de **mercado primário**.

Se você é um investidor e algum dia resolver vender suas ações, terá que encontrar outro investidor disposto a comprá-la, pois você não poderá vendê-las de volta para a empresa. Eis que a Bolsa de Valores surge novamente para facilitar a sua vida, propiciando um sistema em que os investidores podem negociar ações entre si, o que é chamado de **mercado secundário**.

Assim:

- Mercado primário: venda de ações da empresa para investidores quando ocorre uma emissão de ações.
- Mercado secundário: negociação de ações entre os investidores, sem envolver a empresa.

Dúvidas Comuns

A Bolsa de Valores é um cassino?

Não. A Bolsa de Valores foi criada para permitir o contato entre os investidores e as empresas, facilitar a negociação de ações e propiciar segurança ao processo. Obviamente, todo investidor assume um risco quando investe em alguma empresa, pois arrisca seu dinheiro em troca da possibilidade de ganhar mais no futuro. Às vezes, suas previsões podem estar erradas, a empresa poderá falir e ele acabará perdendo dinheiro.

É por isso que o grande desafio do pequeno investidor é aprender a escolher boas empresas – resilientes no longo prazo – e, acima de tudo, reduzir seus riscos ao máximo evitando perder seu dinheiro.

A facilidade e a segurança proporcionadas pela Bolsa de Valores atraem uma infinidade de pessoas e, diariamente, bilhões de reais e milhões de ações trocam de mãos nos negócios realizados em uma Bolsa.

O número elevado de participantes torna esse ambiente propício à especulação, pois os preços estão sempre variando, especialmente no curto prazo, ajustando-se às expectativas de compradores e vendedores ou variando ao sabor das emoções dos investidores. Especuladores são verdadeiros apostadores, pois se importam apenas com a variação do preço das ações e não com as empresas em si. No entanto, a especulação, na verdade, é positiva para o sistema, pois facilita a realização de negócios, sendo o especulador muitas vezes quem compra uma ação de um investidor ou faz a venda da ação a ele. O problema é que, normalmente, os iniciantes não compreendem a função primária da Bolsa, de possibilitar investimentos como sócio em empresas, e começam querendo ser especuladores em busca de rendimentos altos e rápidos. Acabam sendo devorados pelos bancos e grandes fundos de investimento, os tubarões da especulação, e saem da Bolsa com a impressão de que tudo não passa de um cassino.

Existe alguma vantagem em comprar ações no IPO?

Para fazer uma Oferta Pública Inicial (IPO), uma empresa precisa atender uma série de requisitos: fazer propaganda; contratar profissionais; pagar as taxas da Bolsa e etc. Isso tudo tem um custo, que não é baixo, o qual é repassado ao preço de venda das ações no IPO. Assim, o mais provável é que, em um IPO, a ação esteja sendo vendida a um preço mais caro do que vale devido aos custos embutidos e, assim que os negócios no mercado secundário comecem, o preço seja ajustado para baixo. Por outro lado, se houver uma grande procura pelas ações no IPO, nem todos os investidores conseguirão comprar no mercado primário e tentarão no secundário. Um elevado número de compradores somado a uma baixa oferta de ações pode resultar em um aumento no preço da ação quando os negócios no mercado secundário começarem. Assim, investir em um IPO vai depender da sua estratégia. Uma grande desvantagem, especialmente para quem realmente deseja investir na empresa, é que no IPO não há dados de resultados passados suficientes para se concluir se a empresa tem uma boa performance. Lembre-se que a ideia do IPO é arrecadar dinheiro para que a empresa realize investimentos e cresça, assim, investir no IPO é acreditar que esse investimento dará certo e trará os resultados desejados.

O que são empresas de capital aberto?

Empresas de capital aberto são empresas que negociam suas ações no ambiente de Bolsa de Valores. Empresas cujas ações não são negociadas, são chamadas de empresas de capital fechado.

Uma empresa que inicia a negociação de suas ações na Bolsa de Valores, executa uma abertura de capital, através de uma Oferta Pública Inicial, comumente referenciada pela sigla em inglês, IPO (Initial Public Offering).

Uma empresa que retira suas ações da Bolsa de Valores – comprando as ações de volta dos investidores – executa um fechamento de capital através de uma Oferta Pública de Aquisição, ou OPA.

Manter ações em negociação na Bolsa de Valores é uma opção dos empresários e leva em conta sua vontade de admitir outras pessoas como sócias da sua empresa. Algumas empresas não estão dispostas a aceitar essa divisão do controle, estando interessadas apenas em conseguir dinheiro para investir. Assim, fazem o IPO de poucas ações ou utilizam um tipo de ação que não possibilita o controle pelo seu possuidor, chamada de Ação Preferencial, sobre a qual veremos mais no capítulo 6.

CAPÍTULO 5

SISTEMA FINANCEIRO

Muitas pessoas sentem-se inseguras em relação ao mercado acionário por acharem que se trata de um ambiente exclusivo para ricos e poderosos em que elas, como pequenos investidores, estarão desprotegidas e acabarão sendo prejudicadas.

Esta insegurança, provavelmente, se origina da falta de conhecimento que os brasileiros possuem sobre a história, o funcionamento e o importante papel que o sistema financeiro exerce em suas vidas.

O mercado de ações em especial, nascido da necessidade de empreendedores e investidores de trocarem recursos, tem longa história[1], tendo se desenvolvido e profissionalizado ao longo do tempo e, atualmente, é regulado não só pelos órgãos estatais como também pelos seus próprios participantes.

Obviamente, sempre haverá pessoas mal-intencionadas que se utilizarão da ganância e desconhecimento de outros para obter vantagens à custa do prejuízo alheio. Por isso, é importante que todo investidor tenha um conhecimento adequado, visando gerenciar seus riscos e, acima de tudo, ter o bom senso de reconhecer situações que podem torná-lo vítima de um golpe.

---

1 Oficialmente, a primeira empresa a ter suas ações negociadas em Bolsa de Valores foi a Companhia das Índias Orientais Holandesa, que lançou suas ações na Bolsa de Valores de Amsterdan em 1602.

Para que você invista com mais segurança e tranquilidade, vamos dar uma olhada em como está organizado o sistema financeiro, quem são seus participantes e quais são os órgãos governamentais responsáveis pela regulação e fiscalização do mercado acionário.

O que é o sistema financeiro?

O sistema financeiro é formado por todas as instituições financeiras do Brasil. Ele é responsável por propiciar o fluxo de recursos financeiros entre poupadores, os que tem dinheiro sobrando, e investidores ou demais pessoas que necessitem de dinheiro imediatamente.

Além disso, o sistema financeiro oferece várias facilidades para que as pessoas gerenciem seus recursos financeiros como[2]:

- Transferência de dinheiro;
- Sistema de pagamentos;
- Guarda de valores e títulos; e
- Seguros.

Imagine sua vida sem essas facilidades, tendo de ir pessoalmente pagar suas contas em cada concessionária de serviços públicos, cada imposto em seu respectivo órgão governamental, guardar dinheiro em casa, etc.

Tudo o que acontece no mercado financeiro, desde a emissão do dinheiro pelo governo, abertura de capital por empresas, negociação de ações na Bolsa de Valores e a abertura da sua conta corrente no banco está interligado.

E as coisas não só estão interligadas como todo o funcionamento do mercado depende da confiança de seus participantes de que ele realmente seja eficiente.

---
2 ANBIMA. Sistema Financeiro Nacional e Participantes do Mercado. 2018.

Pare, por um momento, para pensar no seu dinheiro, por exemplo. Ele é apenas um pedaço de papel com tinta. O que o faz aceitá-lo em troca de algum produto ou pelo seu trabalho é a confiança de que outras pessoas também o aceitarão.

Ocorre, também, que o sistema financeiro atual é um sistema alavancado. Isto ignifica que existe mais dinheiro em circulação do que o dinheiro existente de fato. Em situações de crise isto pode ser fatal para um país.

Por exemplo, uma queda brusca nas ações do seu banco pode gerar uma desconfiança dos clientes, que correrão aos caixas eletrônicos para sacar dinheiro, acabando com o dinheiro disponível que o banco tem para essa finalidade. O problema é que, quando você deposita dinheiro no banco, o banco empresta esse dinheiro para outras pessoas e, se todo mundo quiser sacar seu dinheiro ao mesmo tempo, o banco não terá como atender a todos. Provavelmente o desespero será grande, as pessoas, impossibilitadas de obter dinheiro, entrarão em pânico e as consequências se espalharão pelo sistema a fora.

Por essas razões, o governo e os participantes do mercado atuam ativamente para manter a confiança do sistema e, em último caso, proteger a economia do país, possibilitando o funcionamento e o crescimento saudável do mercado financeiro.

Veremos a seguir alguns dos diversos órgãos responsáveis por regulamentar e fiscalizar o sistema, especialmente o mercado acionário.

Órgãos de Regulação

Os órgãos de regulação são as instituições do governo que regulamentam a atividade do Sistema Financeiro Nacional, ou seja, escrevem as normas e leis e utilizam o poder coercitivo do Estado para que elas sejam cumpridas.

Conselho Monetário Nacional (CMN)[3]

O Conselho Monetário Nacional é composto pelo ministro da Fazenda, pelo ministro do Planejamento, Desenvolvimento e Gestão e pelo presidente do Banco Central do Brasil.

O CMN é o chefão do sistema financeiro. Entre outras atribuições, ele regula como será a constituição, o funcionamento e a fiscalização de todas as instituições financeiras.

Na prática, o CMN emite documentos chamados de resoluções, as quais são publicadas pelo Banco Central do Brasil (BACEN). Se quiser encontrar uma resolução do CMN, dê uma olhada no site do BACEN[4].

Banco Central do Brasil (BACEN)

O BACEN é órgão executivo do sistema financeiro. Assim, ele cumpre e faz cumprir os regulamentos e normas expedidas pelo CMN.

Entre outras atribuições, é o BACEN quem:

- Emite papel moeda;
- Determina a Taxa SELIC;
- Atua como Banco do Governo;
- Autoriza o funcionamento de instituições financeiras;
- Fiscaliza as instituições e aplica penalidades;
- Controla o câmbio; e
- Administra a dívida do governo.

O BACEN é o órgão utilizado pelo Estado para intervir diretamente no sistema financeiro.

Na estrutura do BACEN, há o Comitê de Política Monetária, ou COPOM, muito citado no dia a dia dos investidores, formado

---

[3] Criado pela Lei 4.595 de 31 de dezembro de 1964.
[4] https://www.bcb.gov.br

pelo presidente e pelos diretores do Banco Central. O COPOM é responsável por realizar análises da economia e determinar a meta da Taxa Selic, implementando a política monetária do governo[5].

Comissão de Valores Mobiliários (CVM)

Legalmente, valores mobiliários são quaisquer títulos ou contratos de investimento coletivo que gerem direito de participação, de parceria ou de remuneração, inclusive resultante da prestação de serviços, cujos rendimentos advêm do esforço do empreendedor ou de terceiros. Parece meio confuso, mas na prática, essa definição inclui, entre outros[6]:

- Ações;
- Debêntures;
- Cotas de fundo de investimento; e
- Uma série de certificados, cupons, recibos e direitos relativos aos itens anteriores.

Quando falamos de ações, então, estamos falando de valores mobiliários. Quando falamos da emissão e negociação de valores mobiliários, falamos do **mercado de capitais**.

O mercado de capitais é tão importante que se criou um órgão do governo especialmente para exercer sua regulamentação e fiscalização, a Comissão de Valores Mobiliários.

É a CVM quem disciplina e fiscaliza:

- A emissão de ações pelas empresas de sociedade anônima;
- A organização, funcionamento e operação das Bolsas de Valores; e

---

5 Para entender melhor como isso funciona, veja este artigo: https://www.mises.org.br/Article.aspx?id=344
6 Lei n° 6.385 de 7 de dezembro de 1976

- Os profissionais e instituições envolvidas com o mercado de valores mobiliários.

Para normatizar o mercado, a CVM emite atos chamados de Instruções CVM, além de instaurar processos administrativos para apurar irregularidades.

A CVM também atua na proteção dos investidores e no estímulo ao aprendizado e divulgação de informações relativas ao mercado financeiro[7].

Autorregulação

O mercado financeiro é um lugar que reúne todo tipo de pessoas e está em rápido desenvolvimento. Novos tipos de investimentos e estratégias surgem diariamente. Ainda que o governo tente, ele estará sempre um passo atrás quando se trata do controle e regulação de tudo o que acontece. Por esse motivo, os próprios participantes, como a Bolsa de Valores, as corretoras e os bancos, se reúnem e criam suas próprias regras de conduta, como uma forma de autorregulação. Isto é necessário para que haja confiança dos investidores e das empresas no sistema e para que se combatam as fraudes e golpes.

ANBIMA

A Associação Brasileira das Entidades dos Mercados Financeiro e de Capitais, ANBIMA, criada em 2009 reúne diversas instituições do mercado financeiro como bancos, gestoras de recursos, corretoras de valores, etc.

Algumas atividades da ANBIMA são:

---

7 A CVM mantém um portal na internet destinado a essa finalidade. Acesse pelo endereço http://www.investidor.gov.br

- Produzir e divulgar informações como relatórios, estatísticas e estudos a respeito do mercado de capitais;
- Certificar administradores, gestores, analistas e demais profissionais do mercado financeiro;
- Educar os investidores;
- Emitir regras de autorregulação e melhores práticas a seus associados e demais participantes do mercado que desejarem implementá-las; e
- Fiscalizar e aplicar as penalidades previstas em seus regulamentos, como advertência, multa e exclusão da associação.

Assim, a ANBIMA aplica provas de conhecimento para certificar profissionais, emite regras para seus participantes a respeito de suas obrigações, supervisão de seus profissionais e implementação de controles.

Assim como a ANBIMA, há diversas outras entidades que atuam na autorregulação, certificação e formação dos profissionais e instituições do mercado acionário. Algumas delas são:

- Associação Brasileira das Companhias Abertas – ABRASCA;
- Associação dos Analistas e Profissionais de Investimento do Mercado de Capitais – APIMEC;
- Instituto Brasileiro de Governança Corporativa – IBGC; e
- Instituto Brasileiro de Relações com Investidores – IBRI.

Bolsa de Valores

A própria Bolsa de Valores estabelece diversas regras para que as empresas e as instituições financeiras possam utilizar seus sistemas, atuando também na autorregulação. Veremos o funcionamento da Bolsa com mais detalhes no capítulo 09.

Além disso, possui o seu próprio órgão de autorregulação, a BSM (BOVESPA Supervisão de Mercados) que supervisiona e disciplina os participantes e os negócios realizados em Bolsa de Valores.

CAPÍTULO 6

TIPOS DE AÇÕES

Na lei que trata sobre as empresas de Sociedade Anônima[1] estão previstos dois tipos (ou espécies) de ações para companhias de capital aberto:

- Ações ordinárias; e
- Ações preferencias.

As ações ordinárias são ações que dão direito a voto nas assembleias. É este tipo de ação que os controladores e sócios da empresa possuem. Se o seu objetivo é tornar-se sócio da empresa, é este tipo de ação que você deve comprar.

As ações preferenciais não dão direito a voto nas assembleias, ou dão em condições restritas e, em troca, oferecem algumas vantagens no recebimento de dividendos, como por exemplo o recebimento obrigatório de um dividendo mínimo.

Emitir ações preferenciais é uma forma de angariar investimento sem ter que dar em troca parte do controle de uma empresa, que seria o caso das ações ordinárias.

No caso do pequeno investidor, possuir ações preferenciais os deixa em desvantagem especialmente no caso de troca de controle da empresa.

---

[1] Lei n° 6.404 de 15 de dezembro de 1976, disponível em: http://www.planalto.gov.br/ccivil_03/leis/L6404consol.htm

Para que uma empresa troque de controle, alguém deve comprar as ações do sócio majoritário e só. Não é necessário comprar todas as ações que existem, apenas as dos sócios majoritários.

Se você é um pequeno investidor de uma empresa, um dos critérios para seu investimento pode ter sido justamente quem eram os sócios controladores e sua política de administração da empresa. No caso de uma troca de controle, pode ser que você não tenha mais interesse em manter suas ações.

Para evitar que os minoritários sejam prejudicados no caso de uma troca de controle, a lei[2] define que os compradores ofereçam pagar pelas ações **com direito a voto** dos minoritários no mínimo 80% do valor pago aos controladores.

Isto significa que se o controlador da empresa da qual você possui ações ordinárias resolve vender o controle ao preço de R$100,00 por ação, o comprador deve também lhe oferecer a oportunidade de vender-lhe as suas ações pelo preço de R$80,00.

O direito de receber parte do valor oferecido por ação aos controladores no caso de troca de controle é chamado de *Tag Along*.

Um *Tag Along* de 80% significa que os compradores devem oferecer ao minoritários adquirir suas ações por pelo menos 80% do preço oferecido aos majoritários. Já um *Tag Along* de 100% significa que os compradores oferecerão aos minoritários o mesmo preço oferecido aos majoritários, por ação.

A lei determina que o *Tag Along* mínimo seja de 80%, mas como veremos mais adiante, a Bolsa de Valores e as próprias empresas podem definir que o Tag Along seja maior.

Essa proteção não existe para as ações preferencias. Se você é dono de uma ação preferencial e ocorre uma troca de controle, o

---

[2] Artigo 254 da lei nº 6.404 de 15 de dezembro de 1976.

comprador não tem obrigação de lhe oferecer qualquer valor pelas suas ações e o seu prejuízo pode acabar sendo grande.[3]

Dúvidas Comuns

E se as ações preferenciais tiverem tag along de 100%? Não vale a pena investir nelas?

É importante lembrar-se de que, se os donos da empresa possuem ações ordinárias e você deseja se tornar um sócio, a estratégia mais inteligente é ter o mesmo tipo de ações que eles.

Como já discutimos, empresas emitem ações preferencias para arrecadarem dinheiro sem ter de oferecer parte do controle em troca. Essa característica vai de encontro ao objetivo primário de se ter ações negociadas na Bolsa de Valores que é o de oferecer participação na empresa em troca do dinheiro do investidor.

Por esse motivo, muitos encaram as ações preferenciais como se fossem um título de dívida, isto é, uma representação de um empréstimo de dinheiro à empresa, em que os dividendos recebidos são como os juros do empréstimo.

Mas e se a empresa em que eu quero investir só tiver ações preferenciais?

Às vezes, não é possível comprar ações ordinárias de algumas empresas. Isto normalmente ocorre porque não há ações desse tipo sendo negociadas em número suficiente.

O fato de a empresa não ter ações ordinárias sendo negociadas é um forte sinal de que ela não tem interesse em ter sócios

---

[3] No mercado de ações brasileiro houve um caso emblemático quando a Ambev S.A. foi comprada pela Interbrew, uma cervejaria belga. As ações ordinárias dispararam de preço enquanto as preferenciais sofreram forte queda.

minoritários, sendo este um critério a ser utilizado na seleção de empresas em que investir.

Por isso, pense bem se realmente há sentido em investir nestas empresas.

O investidor que tem ações preferenciais recebe mais dividendos do que aquele que possui ações ordinárias?

Nem sempre. As empresas podem optar por pagar o mesmo dividendo aos dois tipos de ação, contanto que respeitem os valores mínimos estipulados em lei. A principal diferença é que a empresa é obrigada a pagar (com algumas exceções) dividendos para as ações preferenciais, mesmo que resolva não pagar para as ações ordinárias.

CAPÍTULO 7

ABERTURA DE CAPITAL

Quando resolvemos abrir o capital da INVESTINDO S.A., precisamos, inicialmente, obter autorização da CVM. Isso envolve realizar auditorias, providenciar balanços financeiros e uma série de outros requisitos administrativos que custam tempo e dinheiro.

Justamente para tornar a administração da empresa mais transparente e propiciar segurança aos investidores, antes de abrir o capital, a empresa precisa se reestruturar para atender aos requisitos impostos pela CVM e pela Bolsa de Valores em questões de apuração e divulgação de resultados, controles internos e gerência da empresa.

Para coordenar este processo, contrataremos um coordenador, que é uma instituição financeira habilitada a executar esta atividade. Normalmente um banco ou uma corretora de valores. Podem existir diversos coordenadores envolvidos em um processo de abertura de capital, se este for o caso, haverá sempre uma instituição que será o Coordenador Líder.

Uma vez autorizado o registro da INVESTINDO S.A. como companhia aberta e a oferta pública de ações, é elaborado um documento conhecido como **Prospecto de Distribuição de Ações** que contém uma série de itens informativos como por exemplo:

- Informações da companhia;
- Quantidade de ações ofertadas;

- Preço da ação;
- Custo da emissão;
- Riscos relativos à empresa;
- Destinação dos recursos; e
- Demonstrações financeiras dos últimos 3 anos, no mínimo.

Se você é um investidor que deseja participar de um IPO, a leitura do Prospecto é fundamental para compreender onde você está colocando seu dinheiro[1].

Segmentos de Listagem

A B3 estabelece alguns requisitos para que as empresas possam negociar suas ações na Bolsa. Como a B3 é a única Bolsa de Valores no Brasil, suas regras acabam tendo de ser cumpridas por todas as empresas que desejam abrir capital.

A Bolsa estabelece quatro conjuntos de requisitos, chamados de segmentos de listagem, para que as empresas se adéquem:

- Tradicional
- Nível 1
- Nível 2
- Novo Mercado

Na Tabela 5, temos uma visão geral de alguns dos requisitos para cada segmento[2].

---

[1] Você pode encontrar os prospectos no site da CVM: http://sistemas.cvm.gov.br/?ofertasdist

[2] Fonte: http://www.b3.com.br/pt_br/produtos-e-servicos/solucoes-para-emissores/segmentos-de-listagem/sobre-segmentos-de-listagem/

	Novo Mercado	Nível 2	Nível 1	Tradicional
Free Float	Mínimo de 25%	Mínimo de 25%	Mínimo de 25%	Não há regra
Tipo de Ação	Somente Ordinárias (ON)	Ordinárias (ON) e Preferenciais (PN)	Ordinárias (ON) e Preferenciais (PN)	Ordinárias (ON) e Preferenciais (PN)
Tag Along	100% para ON	100% para ON e PN	80% para ON	80% para ON
Calendário de eventos corporativos	Obrigatório	Obrigatório	Obrigatório	Facultativo
Auditoria Interna	Obrigatória	Facultativa	Facultativa	Facultativa

Tabela 5 Segmentos de listagem da B3 e alguns dos seus requisitos.

O nível Tradicional é o menos exigente enquanto o Novo Mercado é o mais exigente. Atualmente, o requisito mínimo para empresas que abram capital é o Nível 1.

A evolução dos requisitos de cada nível, demonstra uma preocupação da Bolsa de obrigar as empresas a terem transparência e praticarem uma administração que atenda também aos interesses do investidor minoritário. Por exemplo:

Free Float alto: *Free Float* é a quantidade de ações negociadas em Bolsa em relação ao total existente. Um *Free Float* alto dificulta a concentração de elevado número de ações nas mãos de somente um acionista, bem como a ocorrência de um fechamento de capital. Para fechar capital, a empresa precisa recomprar todas as ações que estão sendo negociadas na Bolsa. Quanto mais ações negociadas, maior a quantidade de dinheiro necessário para comprá-las e mais difícil de se realizar o fechamento de capital.

Por que o pequeno investidor deve se preocupar com o Free Float?

O mais comum é que as empresas abram capital em momentos de alta da Bolsa, quando mais investidores estão dispostos a investir em ações. Fazendo isso, elas aumentam as chances de conseguirem o valor desejado de dinheiro com o IPO.

Para fechar o capital a empresa precisa comprar de voltas as ações que não estão nas mãos do sócio majoritário. Para fazer isso é preciso pagar um preço pelas ações em circulação e para decidir este preço, entre outros critérios, é levado em conta o preço das ações sendo negociadas na Bolsa.

Com estes aspectos em mente, seria uma estratégia vantajosa para a empresa fazer um IPO na alta da Bolsa, obtendo um valor elevado pelas suas ações e aguardar um momento de baixa da Bolsa para recomprar as ações a um preço reduzido e fechar o capital, mantendo o controle acionário nas mãos dos sócios majoritários e ganhando um bom dinheiro no processo.

Um *Free Float* alto, ou seja, um percentual grande das ações da empresa estando nas mãos dos sócios minoritários, dificulta este tipo de manobra pelos sócios majoritários, de abrir capital na alta e fechar na baixa, o que prejudicaria os sócios minoritários, que se veriam obrigados a vender suas ações para empresa justamente num período em que elas são avaliadas a preços mais baixos.

Na Figura 5, abaixo, observa-se que variações positivas do IBOVESPA (bolsa em alta) tendem a incentivar a abertura de capital pelas empresas, através de IPOs.

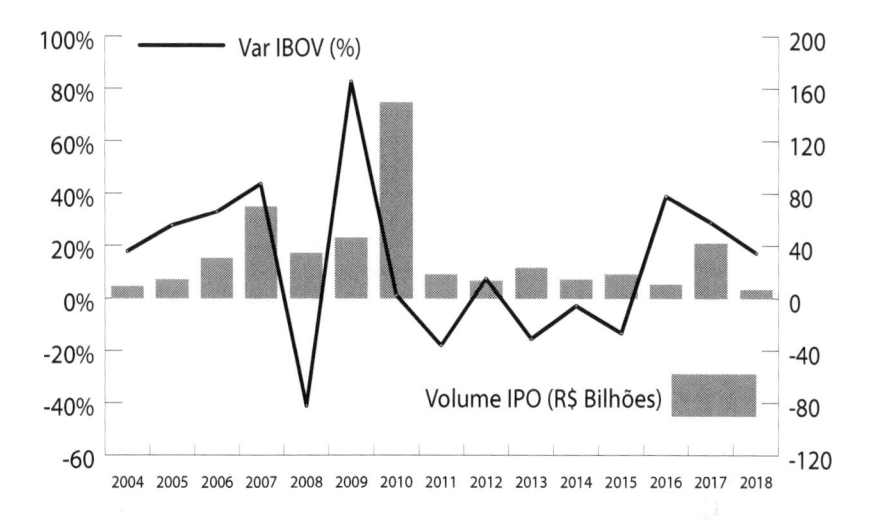

Figura 5 Volume de IPO em bilhões de reais comparados à variação do IBOVESPA, de 2004 a 2018.

Emissão somente de ações ordinárias: ações ordinárias são as que dão direito a voto nas assembleias e, portanto, são as que o sócio majoritário possui. Ainda que você possua apenas algumas ações e seus votos não sejam significativos, as ações ordinárias lhe garantem o mesmo tratamento que será dado aos sócios majoritários.

Tag Along de 100%: *Tag Along* é o direito de receber por suas ações, no caso de uma troca de controle da empresa, um valor proporcional ao valor oferecido aos sócios majoritários. Um *Tag Along* de 100% indica que você receberá o mesmo valor pago aos sócios majoritários.

Divulgação de eventos corporativos: A divulgação de um calendário de eventos, como por exemplo, data de divulgação de balanços, torna mais transparente a administração da empresa e permite o acesso igualitário às informações por todos os acionistas.

Auditoria Interna: indica que a empresa está preocupada em conferir seus processos e resultados, tornando a administração mais transparente e evitando dar vantagens aos sócios majoritários.

Insider

Os sócios majoritários e algumas pessoas ligadas às instituições financeiras, por estarem mais próximos da administração da empresa, às vezes até fazendo parte da mesma, têm acesso às informações antes que os demais participantes do mercado. Isso facilita que elas tomem atitudes para protegerem seus interesses de forma privilegiada, o que é conhecido como *Insider Trading*. Parte das leis e regulamentos que normatizam o mercado de ações existe justamente para evitar que este tipo de coisa ocorra, pois pode resultar em prejuízo aos minoritários ou ganhos desproporcionais aos majoritários, afetando a confiança dos investidores no mercado.

Dúvidas Comuns

Qual o problema do fechamento de capital para os minoritários?

Quando uma empresa anuncia que fechará capital, este é um sinal de que ela não deseja mais ter investidores minoritários. É facultativo ao investidor vender suas ações para a empresa em uma Oferta Pública de Aquisição (OPA). No entanto, quando as ações param de ser negociadas na Bolsa de Valores, tudo fica mais complicado. Processos como receber dividendos, comunicados da empresa e acesso às informações ficam restritos e exigirão um contato direto com a empresa, que, não estando mais sujeita às regras das companhias abertas, pode não ter interesse em atender aos seus pedidos. Dessa forma, para o pequeno investidor, quando for confirmado o fechamento de capital, o ideal é vender suas ações assim que possível. Como a OPA normalmente é feita em momentos de baixa da Bolsa, isso significa vender suas ações por um preço reduzido no mercado secundário ou pelo preço oferecido pela empresa.

Como se combate o Insider Trading?

Para combater o uso privilegiado das informações, a legislação brasileira prevê que todas as informações relevantes devem ser divulgadas simultaneamente a todo o público interessado. Isto é feito através de documentos emitidos de forma online ou na imprensa, como os Fatos Relevantes e os Avisos aos Acionistas.

Além disso, torna proibido a quem tem acesso à informação privilegiada negociar ações ou revelar essa informação a outra pessoa, possibilitando que ela negocie ações, antes da informação se tornar pública, sendo um crime previsto em lei e com previsão de pena de 1 a 5 anos e multa de até 3 vezes o montante da vantagem ilícita obtida.

Casos suspeitos de *Insider Trading* são analisados pela CVM[3] e quando for o caso, são aplicadas sanções administrativas. Quando apurada a possibilidade de crime, a CVM comunica o fato ao Ministério Público para que o caso seja investigado na justiça.

---

3 É possível acompanhar os processos administrativos da CVM no site da Comissão: http://www.cvm.org.br

CAPÍTULO 8

MERCADO ACIONÁRIO

O mercado acionário não é composto só pelas empresas e pela Bolsa de Valores. Há uma série de instituições intermediárias e profissionais envolvidos neste negócio. Neste capítulo falaremos sobre alguns deles.

Instituição escrituradora

Antigamente, uma ação era representada por um papel, chamado de certificado. A empresa registrava em um livro o nome e as informações de quem possuía o certificado e assim era feito o controle do pagamento de dividendos e tudo que fosse relacionado ao acionista.

Hoje em dia tudo é feito de forma digital. A instituição escrituradora registra em seus computadores todas as informações relativas à emissão de ações de uma empresa, bem como de seus possuidores. Ações que não possuem certificado físico são chamadas de **ações escriturais**.

A instituição escrituradora também administra questões como:

- Pagamento de dividendos e juros sobre capital próprio;

- Cálculo e controle de eventos acionários; e
- Envia informes de rendimento para apuração do Imposto de Renda.

Bolsa de Mercadorias e Futuros

A Bolsa de Mercadorias e Futuros, BM&F, faz parte da B3 e é onde são negociados contratos de mercadorias (commodities), contratos futuros e outros derivativos.

Commodities, cuja tradução direta do inglês é mercadoria, são produtos que servem de matéria-prima, como petróleo, boi gordo, soja, café e ouro e que são negociados em todo o mundo não importando sua origem ou "marca". Na Bolsa de Mercadorias e Futuros são negociados contratos padronizados de compra e venda desses produtos.

Contratos futuros são contratos que estabelecem compra ou venda de um produto a um preço predeterminado a ser executado em data futura. Eles servem para que investidores e produtores possam fixar o preço pelo qual executarão uma operação no futuro, evitando ficar à mercê da variação de preço dos mercados.

Derivativos são instrumentos financeiros derivados de outros ativos financeiros. Um exemplo de derivativo é a opção de ação. Uma opção é uma espécie de contrato de seguro que permite a seu possuidor, em troca de um prêmio pago para adquirir a opção, garantir a compra de uma ação a um preço predeterminado. Contratos futuros também são considerados derivativos.[1]

---

1 Para uma explicação mais detalhada consulte http://www.investidor.gov.br/menu/menu_investidor/derivativos/derivativos_introducao.html

Corretoras de Títulos e Valores Mobiliários

Corretoras de valores são como supermercados de investimentos. Elas agem como um intermediário entre o investidor e as instituições financeiras que oferecem produtos de investimento.

Além disso, são as corretoras que têm acesso ao sistema da Bolsa de Valores e enviam as ordens comandadas pelos investidores para que sejam executadas, atuando como **Agentes de Custódia**. Por esse motivo, para investir em ações na Bolsa de Valores é preciso abrir conta em uma corretora.

Em troca de seus serviços, as corretoras cobram uma taxa chamada de taxa de corretagem, bem como uma taxa de administração dos recursos investidos através dos seus sistemas.

Distribuidoras de Títulos e Valores Mobiliários

As distribuidoras de valores são como as corretoras e também atuam na área de emissões de ações (como no caso da abertura de capital de uma empresa). Hoje em dia não há mais distinção prática de atuação entre corretoras e distribuidoras.

Agentes Autônomos de Investimento

Agentes autônomos são uma espécie de representante das corretoras. Eles podem atuar tanto de forma individual como estabelecendo uma empresa. Seu trabalho consiste em prestar informações e captar clientes para a corretora, podendo também receber e transmitir ordens de operação para clientes.

Os agentes autônomos costumam ser mais procurados pelos investidores que preferem um contato pessoal e um ambiente próximo ao seu local de residência para interagir com sua corretora.[2]

---

[2] Aprenda mais sobre os agentes autônomos em http://www.investidor.gov.br/menu/Menu_Investidor/sistema_distribuicao/Agentes_autonomos.html

Câmara de Compensação e Liquidação

Quando você compra uma ação, é necessário transferir o dinheiro da sua conta para a de outro investidor e transferir a ação para o seu nome. Este processo é realizado de forma digital pelas câmaras de compensação e liquidação, também chamadas de *Clearing Houses*[3].

No caso das ações, este serviço é realizado pela antiga Companhia Brasileira de Liquidação e Custódia (CBLC), atualmente Central de Custódia e Clearing, que também está ligada a B3.

- A compensação é o cálculo dos direitos e obrigações dos participantes de um sistema, enquanto.
- A liquidação é a efetiva transferência do dinheiro e dos ativos de uma conta para outra.
- A custódia é a guarda de ações e títulos, que atualmente é feita de forma digital, nos computadores da B3, em uma conta atrelada ao CPF do investidor.

Analistas

Analistas de investimentos são profissionais devidamente autorizados pela CVM a fazer análises e dar opinião a respeito de investimentos.

---

[3] Na verdade, a *Clearing* atua como a contraparte nas operações, isto é, quando você vende uma ação, inicialmente a *Clearing* coloca o dinheiro na sua conta e retira a ação da sua custódia. Já com o comprador da ação, a *Clearing* recebe o dinheiro e transfere a ação para a conta de custódia dele. Dessa forma, o negócio não ocorre diretamente entre comprador e vendedor, mas sim tendo a *Clearing* como intermediário. Esta forma de operar agiliza e dá segurança às negociações, pois, por exemplo, caso o comprador da ação não tenha o dinheiro, isto será problema dele com a *Clearing*, enquanto você, que vendeu a ação, já recebeu sua parte.

No caso das ações, são feitas análises e previsões dos resultados das empresas bem como orientações do que o investidor deve fazer, como qual empresa comprar ou vender, qual preço deve considerar como bom para fazer uma compra, etc.

Alguns investidores optam por seguir as recomendações dos analistas ao invés de tomarem suas próprias decisões. É preciso refletir bem antes de optar por apenas seguir a opinião de outras pessoas. A chance de os analistas estarem certos ou obterem sucesso é tão grande quanto a sua. Além disso, nem sempre a estratégia do analista pode ser a melhor para você.

Agências de Risco

Existem algumas empresas privadas que se especializaram em fazer a análise de empresas e emitirem uma opinião sobre o risco de se investir nelas. Para fazer isso, eles levam em conta diversos fatores, muito dos quais não são divulgados abertamente, mas, o ponto chave, é a capacidade da empresa de pagar suas dívidas e cumprir suas obrigações.

A análise gera uma nota, ou rating, como AAA, BB+ e diversas outras classificações específicas de cada agência.

Assim, como qualquer outro participante do mercado de ações, estas agências têm acesso às mesmas informações que todos os outros investidores e acabam expostas ao mesmo risco de errar. É possível que uma agência de risco faça uma análise errada ou tardia, acabando por não dar uma nota adequada a determinada empresa.

Ainda assim, estas agências exercem papel importante no mercado financeiro. Além das notas serem utilizadas como referência, há diversas leis e regulamentos que restringem a atuação de fundos de investimento ou a disponibilidade de alguns investimentos para certos investidores baseados nas notas dadas por estas agências. Existe ainda o interesse das próprias empresas negociadas na Bolsa em serem avaliadas pelas agências de risco, como mais uma forma de dar segurança a potenciais investidores.

Em sua vida de investidor de ações, estas são as principais instituições e profissionais com os quais você irá lidar no seu dia a dia. Além deles, há diversos outros profissionais e instituições que exercem as mais diversas atividades e funções dentro do sistema financeiro, por exemplo, os gestores de fundo, os administradores de carteira, os bancos de investimento e as administradoras de ativos, os quais não são assunto deste livro.

CAPÍTULO 9

COMO FUNCIONA A BOLSA DE VALORES

Já sabemos o que são ações, por que elas existem, como as empresas emitem ações para serem negociadas na Bolsa de Valores, quais são as instituições e intermediários com quem interagimos ao investirmos em ações e quais são as regras que normatizam o mercado de capitais.

Agora, vamos dar uma olhada mais de perto no funcionamento da Bolsa de Valores.

Operando na Bolsa

Para operar na Bolsa de Valores, o primeiro passo é abrir uma conta em uma corretora de valores.

Em seguida, transferir dinheiro para conta.

A conta da corretora funciona de forma semelhante à conta corrente de um banco, e todo o dinheiro que você utilizar ou receber será através dela.

Para comprar ou vender ações, você envia ordens através de um programa de computador chamado HomeBroker, o qual se comunica com a corretora pela internet. Falaremos mais a fundo sobre como isso é feito no capítulo 18.

As ordens, então, são repassadas pela corretora para o sistema da Bolsa de Valores, que encontra alguém disposto a ser a contraparte na sua operação.

Feita a operação constante na ordem, a Bolsa gerencia a transferência do dinheiro para o vendedor e a troca da posse das ações para o comprador. Tudo é feito de forma digital.

Negociação de Ações

Ações são negociadas na Bolsa de Valores como produtos em um leilão.

Compradores fazem ofertas de compra, especificando qual ação querem comprar, a quantidade e o preço que estão dispostos a pagar.

Vendedores fazem ofertas de venda especificando qual ação desejam vender, a quantidade e qual o preço mínimo pelo qual aceitam vender suas ações.

O sistema da Bolsa, então, absorve estas informações e encontra a melhor solução para que compradores e vendedores sejam atendidos e as ordens executadas.

Por ser realizado na forma de leilão, o funcionamento da Bolsa é chamado de **pregão**.

Código das Ações

As ações são negociadas através de códigos. Cada empresa tem seu código, também chamado de ticker de negociação, e cada tipo de ação tem um código específico.

O código tem o seguinte formato:

XXXXY

Onde, XXXX são quatro letras maiúsculas que representam o nome da empresa emissora das ações. Por exemplo:

- ABEV é o código para a empresa AMBEV S.A.
- PETR é o código para a empresa Petrobras S.A.

O Y do código representa o código numérico para cada tipo de ação. Assim:

- 3 é o código para ações ordinárias (ON);
- 4 é o código para ações preferencias (PN);
- 5,6,7 e 8 é o código para ações preferenciais de classe A, B, C e D, respectivamente. (Classes são grupos de ações que possuem direitos específicos em relação às demais ações); e
- 11 é o código para UNITS.

O que são UNITS?

Uma ação Unit na verdade representa um conjunto de ações ordinárias e preferenciais. O nome oficial é Certificado de Depósito de Ações. Uma empresa pode negociar, por exemplo, ações Unit que representam uma ação ordinária (ON) e duas ações preferencias (PN). Nesse exemplo, se você comprar uma Unit, está adquirindo, na verdade, uma ação ON e duas ações PN. Empresas com ações Unit não costumam ter negócios nas suas ações ON ou PN. Assim, se você quer comprar uma Unit e ficar só com as ações ordinárias, não conseguirá vender as ações preferenciais na Bolsa por não haver gente interessada em comprá-las.

A opção da empresa em negociar Units pode estar ligada a uma restrição societária ou a uma estratégia da empresa de dificultar a acumulação de ações ordinárias por algum investidor.

Alguns exemplos de códigos de ação:

- ABEV3: ação ordinária da AMBEV S.A.
- PETR4: ação preferencial da Petrobras S.A.
- TIET11: Unit da AES Tiete Energia S.A.

Liquidação das Operações

Liquidação significa efetivamente tirar dinheiro da conta do comprador e enviá-lo para a conta do vendedor, bem como tirar as ações da conta de custódia do vendedor e transferir para a custódia do comprador. Quem faz o serviço de liquidação é a B3.

O prazo para que a transferência ocorra é chamado de prazo de liquidação e, no caso das ações, é de dois dias úteis a partir da data de negociação. Isto significa que, se você comandar uma ordem de compra hoje e ela for executada, a transferência do dinheiro da sua conta, bem como das ações para sua custódia pode ocorrer em até dois dias úteis a contar de hoje.

Custódia das Ações

Custódia é a guarda das ações.

Apesar ser totalmente digital, o sistema de custódia funciona como se cada investidor tivesse uma caixinha atrelada a seu CPF nos computadores da B3. Sua caixinha é chamada de Conta de Custódia.

Nessa caixa ficam guardadas suas ações e só quem tem autorização para movimentá-la é o seu agente de custódia, ou seja, a sua corretora

A corretora, por sua vez, só pode fazer alguma coisa se você enviar a ordem.

Onde ficam ações que não são negociadas na Bolsa de Valores?

Nem todas ações são negociadas em Bolsa.

Há alguns anos, por exemplo, o governo brasileiro possibilitou às pessoas a compra de ações da Petrobras com o dinheiro do seu fundo de garantia (FGTS), no entanto, essas ações não foram negociadas na Bolsa.

Outro caso foi o de compradores de linhas telefônicas antigas, que acabavam se tornando sócios das empresas de telefonia por terem direito a algumas ações junto com a sua linha de telefone.

Nesses casos, onde ficavam custodiadas as ações?

Para ações que não são negociadas na Bolsa, a empresa deve contratar uma instituição custodiante, geralmente um banco, para realizar este serviço de custódia. Assim, para esses casos especiais, se o investidor deseja obter informações sobre suas ações, deve procurar o banco custodiante.

Tipos de Mercado

Para facilitar a execução de ordens e agilizar os negócios, a Bolsa de Valores padroniza a forma como as ações são negociadas.

Isto quer dizer que você não pode, por exemplo, fazer contratos de compra especificando datas ou formas de pagamentos diferentes do padrão ou negociar frações de ações.

A negociação de ações com maior volume (maior quantidade de negócios e dinheiro) ocorre no **mercado à vista**, em quantidades múltiplas de 100. Neste mercado a liquidação é feita em até dois dias úteis a partir da data de negociação.

Se o investidor quiser negociar quantidades que não são múltiplas de 100, deve utilizar o **mercado fracionário**, onde são aceitas ordens com qualquer quantidade entre 1 e 99 ações.

Neste mercado, o código das ações possui a letra F. Por exemplo, ABEV3F, são as ações da Ambev S.A. negociadas no mercado fracionário.

Não há diferenças entre as ações do mercado à vista ou do mercado fracionário. O código diferenciado serve apenas para dizer ao sistema da Bolsa para qual mercado enviar a ordem.

O mercado à vista e o mercado fracionário são chamados de mercado de Bolsa e seguem uma série de especificações determinadas pela CVM[1]. Entre elas podemos citar:

- Utilizar sistema centralizado de negociação (ou seja, o mesmo sistema para todas as ordens e negócios).
- Publicar todas as informações sobre os negócios, como preços, quantidades e horários de forma contínua com no máximo 15 minutos de atraso.
- Manter sistemas de controle de risco e ressarcimento de prejuízos decorrentes de erros fora do controle do investidor.

Assim, trata-se de um mercado transparente e justo, onde grandes e pequenos investidores têm as mesmas oportunidades e informações.

A Bolsa de Valores também oferece outros tipos de mercado, para investidores que desejam executar operações fora das regras do mercado de Bolsa. São eles:

Mercado de Balcão: neste mercado nem todas as operações são feitas em um sistema centralizado, a liquidação pode ser feita diretamente entre as partes envolvidas e as informações podem ser divulgadas de maneira menos exigente. Este tipo de mercado serve para se realizar operações de maneira diferente do mercado à vista, porém, mantendo o registro das operações no sistema da Bolsa como uma forma de assegurar a execução do contrato firmado entre as partes.

---

1 Instrução CVM 461/07.

Mercado a termo: O mercado a termo serve para que investidores negociem ações de forma mais flexível e, especialmente, definindo prazos e preços específicos para cada contrato.

Como pequeno investidor, você irá operar no mercado à vista ou no mercado fracionário.

Horário de Funcionamento

O horário de funcionamento do pregão pode se visto na página da B3[2].

Leilão ou Call de Abertura

Durante o pregão da Bolsa, o preço das ações é determinado pelo preço em que foi executado o último negócio. Dessa forma, a Bolsa divulga o preço pelo qual a ação foi vendida no último negócio realizado, o qual é considerado como o preço da ação naquele momento.

No entanto, antes de se iniciar o pregão como se determina o preço da ação?

O preço da ação no início do pregão, chamado de **preço de abertura**, é determinado através do leilão de abertura, que funciona da seguinte maneira:

- Quinze minutos antes do início do pregão inicia-se o leilão;
- O sistema registra as ordens de compra e de venda, mas não executa nenhum negócio; e

---

2 http://www.b3.com.br/pt_br/solucoes/plataformas/puma-trading-system/para-participantes-e-traders/horario-de-negociacao/acoes/

- Analisando as ordens, o sistema chega a um preço onde a maior quantidade de ações consegue ser negociada[3].

Após ser finalizado o leilão, o sistema executa todas as ordens pendentes pelo preço determinado durante o leilão.

O leilão de abertura é uma ferramenta que torna mais organizado o início das negociações, definindo um preço base para que se executem os primeiros negócios.

Leilão ou Call de Fechamento

O leilão de fechamento serve para determinar o **preço de fechamento** da ação, que seria o preço final da ação em determinado dia. Este preço é utilizado com referência para cálculos como, por exemplo, ajuste de contratos, valor do patrimônio de fundos de investimento e também para análise dos investidores.

O leilão de fechamento inicia-se cinco minutos antes do encerramento do pregão. Neste horário o sistema apenas registras as ordens de compra e venda. Em seguida calcula o preço de fechamento de maneira semelhante ao leilão de abertura.

Após o término do leilão, as ordens são executadas no preço que foi definido como o preço de fechamento.

Leilões Durante o Pregão

Durante o pregão, há alguns critérios que fazem o sistema suspender as negociações e iniciar um leilão, por exemplo:

- Envio de uma ordem com quantidades muito acima da média negociada até então.

---

[3] Conheça as regras para determinar o preço teórico nos leilões acessando o manual de procedimentos operacionais da B3 disponível em: http://www.b3.com.br/pt_br/regulacao/estrutura-normativa/operacoes/

- Envio de uma ordem que represente fração significativa do capital social da empresa.
- Envio de ordem que faça o preço oscilar um percentual elevado.

A duração desses leilões depende de quão significativa foi a ordem e pode variar de cinco minutos a uma hora, sendo seu funcionamento semelhante aos leilões de abertura e fechamento.

Suspensão das Negociações

A negociação das ações por vezes pode ser influenciada por aspectos emocionais dos participantes. Isto pode gerar bolhas e variações excessivas de preço.

Para evitar que este tipo de coisa aconteça, o sistema da Bolsa possui proteções, chamados de *circuit brakers*, que interrompem a negociação em situações específicas. Por exemplo:

- Variações negativas muito altas em relação ao dia anterior.
- Empresa anunciar divulgação de fato relevante durante o pregão.

A suspensão pode ser desde temporária até total com prazo a ser determinado pela B3.

Dúvidas Comuns

Ocorrem erros no sistema?

O sistema de negociações da B3 é muito robusto e eficiente. Os casos de erros são mínimos. Algumas vezes, erros podem ser oriundos das corretoras de valores. Em todos os casos em que o erro não foi de responsabilidade direta do investidor, a Bolsa possui um mecanismo chamado Mecanismo de Ressarcimento de Prejuízos, ou MRP, que assegura o ressarcimento de prejuízos ocorridos [4].

O órgão responsável por apurar estes casos é a BSM, ou BOVESPA Supervisão de Mercados, órgão autorregulador da B3.

---

[4] Saiba mais em: http://www.bsm-autorregulacao.com.br/ressarcimento-de-prejuizos/como-funciona

CAPÍTULO 10

EVENTOS ACIONÁRIOS

Eventos acionários são atos da empresa que trazem consequências aos seus acionistas, como o pagamento de dividendos e a bonificação de ações. Neste capítulo falaremos mais a fundo sobre eles.

> **Eventos Acionários não criam dinheiro.**
>
> Nenhum evento acionário cria dinheiro. A bonificação transforma dinheiro que estava no caixa da empresa em ações, o grupamento apenas cancela ações, o desdobramento cria ações de valor zero, o dividendo e o juro sobre capital são descontados do lucro.
>
> Por esse motivo, em todo evento acionário, a Bolsa de Valores faz um ajuste proporcional no preço da ação, de forma a manter o valor total inalterado. Por exemplo:
>
> Uma ação fechou o dia negociada a R$10,00 e a empresa paga um dividendo de R$2,00. Se nada acontecesse, o investidor teria acabado o dia com R$2,00 a mais do que tinha antes. No entanto, sabemos que os dividendos são descontados do lucro e representam dinheiro que sai da empresa e vai para o acionista. Como o preço da ação representa o valor da empresa, com dinheiro saindo, ela deve valer menos. Assim, a Bolsa ajusta o preço da ação propor-

cionalmente ao dividendo distribuído. Neste caso, o preço da ação seria reajustado em 20% para baixo, e o novo preço de fechamento passaria a ser R$8,00, de forma que, no total, o investidor continue com os R$10,00 que tinha antes.

Obviamente, no dia seguinte, quando o pregão iniciar, qualquer coisa pode acontecer com o preço da ação, até mesmo voltar ao patamar de R$10,00 em que estava sendo negociada antes.

Dividendos

Os dividendos são a parte do lucro da empresa que é destinada a cada acionista. A lei [1] brasileira determina que as empresas paguem dividendos conforme determinado em seu Estatuto Social. No entanto, por motivos históricos [2], a grande maioria das empresas destina pelo menos 25% do seu lucro para o pagamento de dividendos.

Quando você possui uma ação e ela paga dividendos, o recebimento ocorre automaticamente na conta da sua corretora de valores.

Os dividendos representam valores que saíram da empresa e, portanto, causam uma redução no patrimônio dela. O investidor, por outro lado, mantém-se na mesma situação patrimonial, isto é, possui parte de uma empresa cujo patrimônio diminuiu, mas recebeu um valor em dividendos.

A Figura 6 ilustra como a Bolsa ajusta o preço das ações de forma que o patrimônio do investidor permaneça o mesmo.

---

1 Lei 6.404 de 15 de dezembro de 1976, disponível em: http://www.planalto.gov.br/ccivil_03/leis/L6404consol.htm
2 Saiba mais sobre isso lendo o artigo disponível em: https://www.valor.com.br/valor-investe/o-estrategista/1025264/o-dividendo-obrigatorio-representa-no-minimo-25-do-lucro-liquid

DIVIDENDO
R$0,10

Cotação de fechamento
é ajustada em 1% para R$9,90

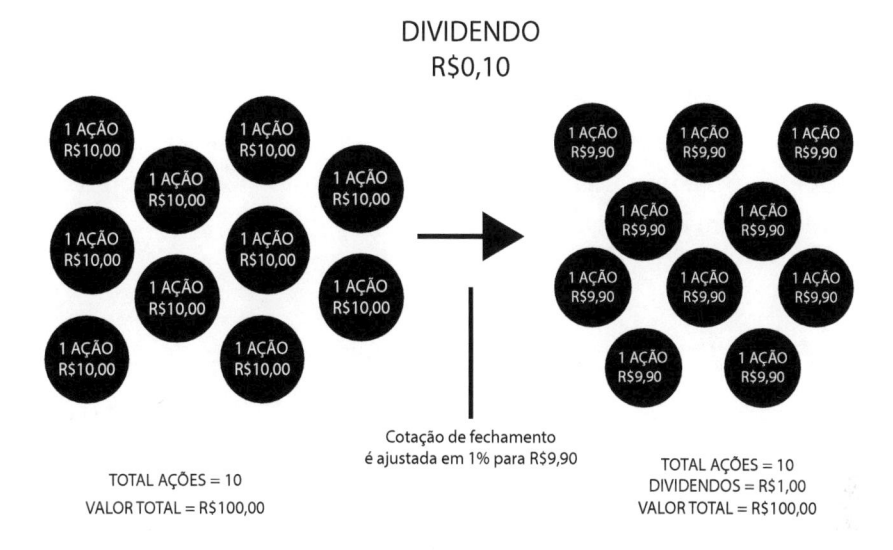

TOTAL AÇÕES = 10
VALOR TOTAL = R$100,00

TOTAL AÇÕES = 10
DIVIDENDOS = R$1,00
VALOR TOTAL = R$100,00

Figura 6 Situação patrimonial antes e depois do recebimento de dividendos

Juros Sobre Capital Próprio

Juros sobre Capital (JCP) são outra forma de a empresa distribuir o lucro aos seus acionistas.

A diferença entre o JCP e os dividendos é que os Juros sobre Capital são considerados como despesas na apuração de resultados da empresa, reduzindo o valor do lucro e o pagamento de imposto. Por outro lado, os acionistas têm de pagar imposto sobre os valores recebidos como JCP, o que não ocorre no caso dos Dividendos.

A ideia do JCP é de que o acionista fez um empréstimo de dinheiro à empresa e merece ser remunerado por isso, da mesma forma que outros empréstimos pagam juros, a empresa, então, paga juros aos seus acionistas.

O pagamento de JCP tráz algumas vantagens tributárias para as empresas e por isso elas optam por essa forma de remuneração a seus acionistas.

Da mesma forma que os dividendos, os JCP são depositados na sua conta da corretora e é ela quem faz o recolhimento do imposto de renda a ser pago.

Os JCP também não alteram o valor patrimonial do investidor e, assim como no caso do pagamento dos dividendos, o preço da ação é ajustado pela Bolsa.

Bonificação de Ações

Algumas empresas optam por reter parte dos seus lucros em uma reserva, como se fosse uma poupança da empresa, para utilizá-la em momento oportuno.

Quando essa reserva atinge determinado valor, a empresa é obrigada por lei a reinvesti-la na empresa ou a distribuí-la como dividendos.

Se a empresa resolve reinvestir o valor na empresa, ela deve incorporar o dinheiro das reservas ao capital social.

Lembre-se, o capital social é o dinheiro que os donos da empresa tiraram do bolso e colocaram na empresa. Em troca eles recebem ações.

Quando a empresa incorpora as reservas ao capital social, é como se ela fosse um investidor aplicando dinheiro e, portanto, novas ações serão criadas.

No entanto, a empresa não pode ficar com as novas ações como se fossem dela. Por essa razão, as novas ações criadas são distribuídas aos atuais acionistas da empresa, num evento chamado de bonificação de ações.

Na prática, quando ocorrer uma bonificação de ações em uma empresa da qual você possui ações, as ações bonificadas serão depositadas na sua conta de custódia sem que você tenha que se preocupar em fazer nada.

EVENTOS ACIONÁRIOS 81

**BONIFICAÇÃO
1 PARA 10**

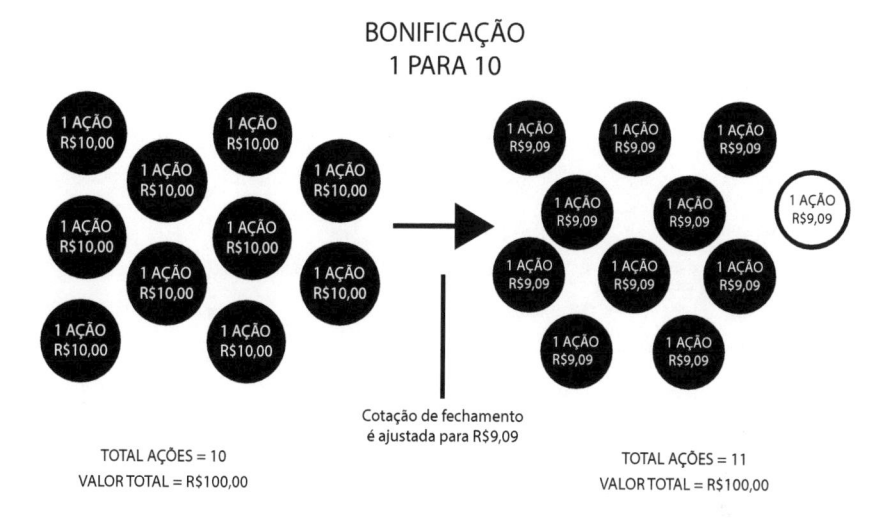

TOTAL AÇÕES = 10
VALOR TOTAL = R$100,00

Cotação de fechamento
é ajustada para R$9,09

TOTAL AÇÕES = 11
VALOR TOTAL = R$100,00

Figura 7 Situação patrimonial antes e depois de uma bonificação em ações de 10%, ou 1 nova ação para cada 10.

Como a bonificação é apenas dinheiro da empresa transformado em ação, não houve criação de novo dinheiro. Assim, quando ocorre uma bonificação, a Bolsa faz um ajuste no preço da ação, de forma que os investidores mantenham o mesmo patrimônio, conforme exemplificado na Figura 7.

Preço da ação bonificada

Ao divulgar um aviso aos acionistas sobre bonificação, a empresa costuma informar qual o valor a ser utilizado pelo investidor como custo das ações. É importante ter ciência deste valor pois ele será utilizado para registrar a bonificação na declaração do Imposto de Renda. O valor divulgado pela empresa não tem nenhuma relação com o ajuste do preço da ação realizado na Bolsa. Ele serve apenas para o Imposto de Renda.

Subscrição

Mesmo depois de abrir capital, a empresa pode querer obter mais dinheiro, e para isso, faz uma nova oferta pública para emissão de mais ações.

Os acionistas que já possuem ações recebem o direito de comprar essas novas ações antes dos demais investidores.

Esse direito é chamado de **direito de subscrição**. Como nesses casos é comum a emissão das ações ser por um preço abaixo do preço negociado na Bolsa, exercer os direitos de subscrição e comprar as novas ações pode ser vantajoso para os investidores.

Os investidores que já possuem ações recebem esse direito para evitar que tenham sua participação na empresa diluída com a nova emissão de ações. Por exemplo:

1. Uma empresa tem capital de R$100.000,00 e um total de 100 ações.
2. Você possui 50 ações dessa empresa.

A sua participação no capital da empresa é de 50%, que é equivalente a divisão das suas 50 ações pelo total de 100 ações.

3. A empresa resolve aumentar seu capital social em R$50.000,00
4. Para isso, ela emite 50 novas ações a um preço de R$1.000,00

Para que você mantenha sua participação de 50%, será preciso adquirir 25 das novas ações. A empresa, então, lhe dá 25 direitos de subscrição, um direito para cada ação, de forma que você possa exercê-los, comprando as ações, caso queira manter sua participação de 50% na empresa.

Caso você não queira exercer os direitos, você não precisa fazer nada, que eles expirarão sem valor.

Na prática, esses direitos aparecerão na sua custódia da corretora com um código semelhante ao da empresa, mudando o número do final. Por exemplo, INVE12, representa o código de um direito de subscrição à uma ação da INVESTINDO S.A. Quando você recebe este direito você tem 3 opções:

- Exercer seus direitos;
- Vender seus direitos; ou
- Deixar os direitos expirarem.

Exercendo direitos de subscrição

Para exercer seus direitos basta informar à sua corretora via telefone ou e-mail que deseja subscrever as ações. Será necessário ter o dinheiro disponível na conta corrente para que a compra das novas ações seja efetuada.

Vendendo seus direitos

Direitos de subscrição podem ser negociados na Bolsa da mesma forma que as ações. Utilize o código do direito para fazer uma ordem de venda. O preço de negociação do direito estará relacionado aos preços das ações a serem subscritas e das ações sendo negociadas no mercado secundário. Por exemplo:

- O direito de subscrição dá direito à compra de uma ação da INVESTINDO S.A. por R$100,00.
- A ação está sendo negociada no mercado secundário pelo preço de R$100,50.
- O direito de subscrição será negociado a R$0,50 ou menos.

Isso ocorre porque o comprador irá pagar pelo direito de subscrição e pela ação subscrita. Se a soma destes valores for acima do valor da ação no mercado secundário, vale mais a pena comprar a ação diretamente ao invés de comprar o direito de subscrição.

Por outro lado, para o vendedor do direito de subscrição qualquer valor é lucro, pois os direitos de subscrição foram-lhe oferecidos sem custos.

Deixando os direitos expirarem

Se você não estiver interessado em exercer os direitos nem em vendê-los, basta deixar o tempo passar. Sempre existirá um prazo para exercício dos direitos de subscrição. Passado este prazo, os direitos deixam de existir e desaparecem da sua custódia na corretora.

Grupamento

Às vezes, as ações de uma empresa apresentam quedas acentuadas e começam a ser negociadas a preços bem reduzidos, por exemplo R$0,50 por ação.

Micos e Blue Chips

Ações negociadas a centavos normalmente são ações de empresas que faliram ou tiveram problemas financeiros graves. Este tipo de ação é apelidado de mico pelos investidores.

Já as ações de grandes empresas, estáveis e com longo histórico de existência são chamadas de *blue chips*, em referência as fichas que valem mais dinheiro no jogo de poker.

Nesses patamar de preço, qualquer variação de um centavo gera uma variação percentual grande no preço da ação, o que é o tipo de coisa que não agrada aos investidores. Por isso, nestes casos, a Bolsa estimula as empresas a tomarem providências para levarem os preços de volta à casa dos reais.

Uma saída para essas empresas é realizar um grupamento de ações. Um grupamento consiste em cancelar a existência de uma certa quantidade de ações, de forma que o preço de cada ação fique mais alto. Por exemplo:

1. Uma empresa tem 10 ações negociadas a R$10,00.
2. Ela faz um grupamento de 2 para 1, ou seja, para cada duas ações, uma será cancelada.
3. A empresa passa a ter 5 ações ao preço de R$20,00.

É importante notar que não há mágica de criação de valor aqui, há apenas uma mudança no número de ações.

O valor total sempre permanece o mesmo (Figura 8).

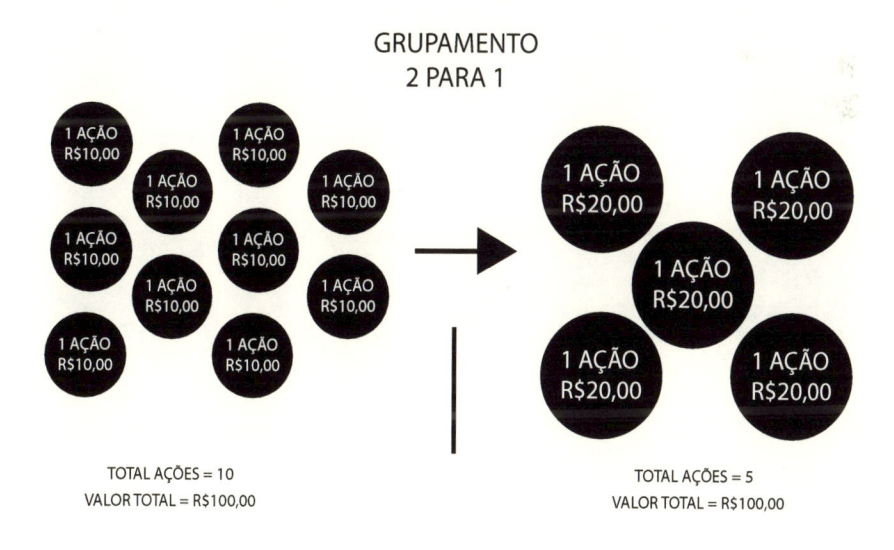

Figura 8 Situação patrimonial antes e depois de um grupamento de 2 para 1.

Desdobramento

O desdobramento é o inverso do grupamento. São criadas novas ações com o objetivo de reduzir o preço de negociação. Por exemplo:

1. Uma empresa tem 100 ações negociadas a R$100,00.
2. Para comprar um lote de 100 ações (lote padrão do mercado à vista) o investidor precisa desembolsar R$10.000,00, uma quantidade significativa de dinheiro. Isso acaba reduzindo o número de negócios com a ação durante o pregão.
3. A empresa, então, faz um desdobramento de 1 para 3, ou seja, para cada ação, serão criadas duas novas ações.
4. A empresa passa a ter 300 ações negociadas a R$33,33.

Assim como no grupamento, não há mudança nos valores totais, apenas no número de ações e seu preço.

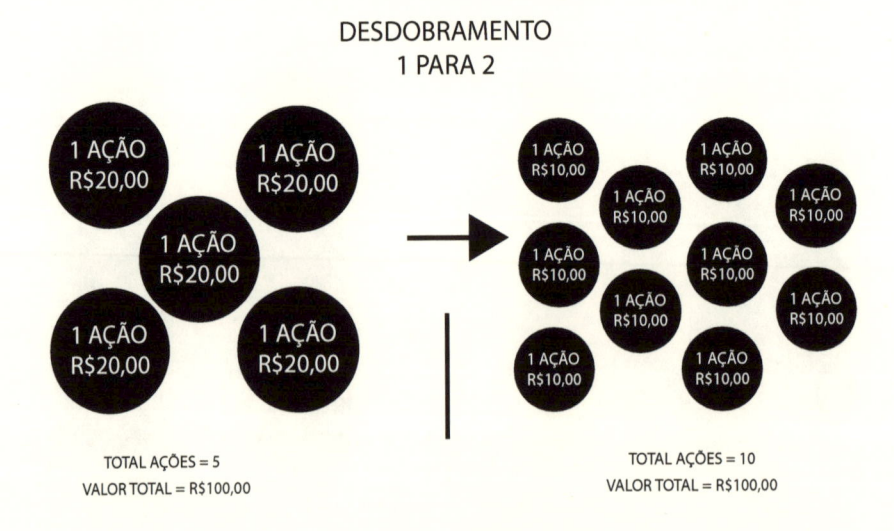

Figura 9 Situação patrimonial antes e depois de um desdobramento de 1 para 2 ou 100%.

Tanto no grupamento quanto no desdobramento, o investidor recebe, ou perde, automaticamente o número de ações a que tem direito.

Por exemplo:

- Você tem 5 ações de uma empresa e ela faz um desdobramento de 100% ou 1 para 2, ou seja, para cada ação que você possui, será criada uma nova ação.
- Serão depositadas na sua custódia 5 novas ações. Como no momento do desdobramento o preço das ações é ajustado, você termina com o mesmo valor total que tinha antes (Figura 9).

Frações

Pode acontecer de você possuir um número de ações que não bate de forma exata com as proporções envolvidas nos eventos acionários. Por exemplo:

- Você tem 11 ações e a empresa faz uma bonificação de 10%. Você teria de receber 1,1 ações.
- Você tem 11 ações e a empresa faz um grupamento de 3 para 1. Você teria de ficar com 3,66 ações.

Como no Brasil não é possível possuir frações de ações, você receberá o número inteiro de ações, uma ação no primeiro caso e três ações no segundo caso. As frações que faltaram serão pagas em dinheiro.

No caso da existência de direito a frações de ações, a empresa junta todas as frações de todos os investidores, formando ações inteiras, e faz um leilão com as mesmas durante o pregão da Bolsa. O dinheiro arrecadado é então distribuído proporcionalmente aos investidores conforme a fração que possuía antes.

Data Ex e Data COM

Ao anunciar um evento acionário, através de um anúncio de informação relevante[3], a empresa anuncia a data a ser utilizada como base para considerar quem possuía ações da empresa e, portanto, será afetado pelo evento.

A data a partir da qual o investidor que comprar uma ação não será afetado pelo evento acionário anunciado é chamada de **data ex**.

O dia anterior à data ex, é chamado de **data com**, que é o último dia em que um investidor que comprar a ação terá direito ao evento.

Assim, quando uma empresa anuncia o pagamento de dividendos com data ex em 05/07/2019, investidores que comprarem ações a partir deste dia, inclusive, não receberão o dividendo anunciado.

Dúvidas Comuns

O que é Dividend Yield?

É o percentual do valor de dividendos pago por uma empresa durante um período (normalmente um ano) em relação ao último preço da ação.

- Uma empresa que pagou R$1,00 de dividendos por ação em um ano;
- Ação negociada a R$10,00;
- O *dividend yield* dessa empresa é de 10%.

---

[3] Você encontra os documentos informativos na página da respectiva empresa no site da B3: http://www.b3.com.br/pt_br/produtos-e-servicos/negociacao/renda-variavel/empresas-listadas.htm

Alguns utilizam este indicador como um medidor do retorno do acionista. No entanto, ele está exposto às variações da cotação da ação.

O que é Payout?

É o percentual dos lucros do período que foi distribuído como dividendos.

- Uma empresa tem lucro de R$10.000.000,00 em um período;
- Ela distribui R$ 8.000.000,00 em dividendos;
- O *payout* desta empresa é de 80%.

Este indicador sinaliza qual o destino dado pela empresa ao seu lucro. *Payout* alto indica que ela distribui a maior parte do lucro na forma de dividendos, enquanto *payout* baixo indica que ela retém o lucro e o utiliza para outra finalidade.

CAPÍTULO 11

VALORES MÍNIMOS, RENDIMENTOS, CUSTOS, LIQUIDEZ E RISCOS

Sempre que você for estudar um investimento, procure analisar os seguintes aspectos:

- Valores mínimos de investimento
- Rendimento
- Custos
- Liquidez
- Riscos

Neste capítulo analisaremos as ações com base nestas características.

Valores Mínimos

Na Bolsa de Valores, o mínimo que você pode comprar é uma ação. O preço das ações varia, mas a grande maioria está na faixa dos R$5,00 à R$100,00, portanto, o valor mínimo a ser desembolsado será o do preço de uma ação mais as taxas a serem pagas.

Como sempre que você fizer uma compra terá de pagar taxas, o ideal é juntar um valor em torno de R$500,00 para cada compra, de forma a reduzir o impacto das taxas no total investido. Do contrário, você levará muito tempo para recuperar o valor gastos em taxas e começar a ter rendimentos positivos.

Investido	Taxa	
	Valor	Porcentagem sobre o valor investido
R$15,00	R$10,00	66,66%
R$500,00	R$10,00	2,00%

Tabela 6 Influência de uma taxa de R$10,00 sobre um investimento, considerando-se dois valores de investimento.

Mas se você for operar no mercado à vista, o mínimo a ser comprado é um lote de 100 ações. Então o valor mínimo a ser investido será o preço da ação multiplicado por 100, somado às taxas.

Rendimentos

Pense novamente na nossa empresa, a INVESTINDO S.A. Há duas formas de ganhar dinheiro com ela:

- Através da nossa participação no lucro da empresa
- Vendendo nossa participação na empresa quando ela passar a valer mais dinheiro do que investimos inicialmente.

Com ações, as opções são as mesmas, pois ao comprar uma ação você passa a ser sócio de uma empresa.

A participação nos lucros ocorre através do recebimento dos dividendos, das bonificações e dos juros sobre capital.

A questão que gera certa confusão é como ganhar dinheiro com a valorização das ações.

De onde vem o preço das ações na Bolsa?

Teoricamente, o preço de uma ação deveria representar uma fração do valor total de uma empresa. Assim, para uma empresa que tem um patrimônio de R$100.000,00 e tenha 10.000 ações, é de se esperar que cada ação seja negociada a R$10,00, chamado **valor patrimonial**. Na realidade, o patrimônio da empresa não é o único fator considerado pelos investidores. Um fator mais importante é a capacidade da empresa de gerar lucros no futuro, o que é embutido no preço da ação. Cada investidor, então, faz o seu cálculo de qual seria um preço adequado pela ação e vai às compras. Se houver mais compradores do que vendedores, o preço subirá. Se houver mais vendedores do que compradores, o preço cairá. Ao multiplicarmos o preço das ações na Bolsa pelo número total de ações da empresa obtemos o **valor de mercado** da empresa. Ao longo do tempo, os preços seguem os resultados da empresa e, uma empresa que cresce e vê seus lucros aumentando, tem sua performance refletida no preço de suas ações na Bolsa.

Lembre-se que, mesmo desejando ganhar dinheiro com a valorização das suas ações, isso não quer dizer que você seja um especulador. No longo prazo, ações de boas empresas tendem a se valorizarem, acompanhando o crescimento do patrimônio e da geração de dinheiro da empresa.

Em determinadas situações ou fases da vida, pode ser necessário que você venda algumas ações. Claro que isso reduzirá sua participação na empresa, mas acredite, seu patrimônio pode continuar aumentando mesmo que você venda algumas ações.

Vender ações e aumentar o seu patrimônio? [1]

Digamos que você tenha uma participação de 50% numa empresa que valha R$1.000.000,00 e que a empresa consiga com seus negócios um rendimento de 10 % ao ano, e que mantenha essa performance nos anos vindouros.

Suponha que a ação seja negociada na Bolsa por cerca de 125% do valor patrimonial. Isto significa que sua participação na empresa vale R$625.000,00 caso seja vendida na Bolsa.

Se você deseja ter uma renda de R$40.000,00 ao ano deve vender 6,4% da sua participação na empresa por ano.

Após 10 anos, o valor total da empresa será de R$2.593.742,46 (R$1.000.000,00 rendendo a juros de 10% ao ano) e a sua participação será de 25,81% da empresa, o que equivale a R$669.353,20. Se o mercado ainda estiver oferecendo 125% do valor patrimonial por cada ação, seu patrimônio valerá R$836.691,50.

Ou seja, após 10 anos sua participação percentual na empresa diminuiu, mas o valor total da sua participação aumentou e você ainda pôde usufruir dos R$40.000,00 ao ano, como renda.

É claro que este exercício supõe que a empresa vai se manter ganhando 10% ao ano e o mercado oferecendo 125% do valor patrimonial pelas ações. Na realidade, estes valores podem se alterar para mais ou para menos, mas o exemplo serve para compreender como é possível ganhar dinheiro com a valorização das ações.

---

[1] Este trecho é um resumo da explicação de Warren Buffett, famoso investidor em ações, em sua carta aos acionistas de março de 2013 sobre a razão pela qual algumas empresas optam por não pagar dividendos e como o investidor pode ganhar dinheiro com ações desse tipo. A carta está disponível em: http://www.berkshirehathaway.com/letters/2012ltr.pdf

Existem empresas que não pagam, ou pagam poucos dividendos. Estas empresas consideram que é melhor reaplicar o lucro na própria empresa, acelerando o crescimento e trazendo retorno ao acionista na valorização da empresa. São conhecidas como **empresas de crescimento**.

Por outro lado, há empresas que já não têm mais para onde crescer, ou acham que seus investidores podem decidir melhor o que fazer com o dinheiro e , por isso, distribuem quase todo o lucro em dividendos. São as **empresas de dividendos**.

Há uma terceira opção para a empresa utilizar o seu lucro, além de distribuí-lo ou reinvesti-lo, a qual também traz ganhos ao acionista: é a recompra de ações para cancelamento. Nesse caso, a participação percentual do investidor na empresa aumenta, o que equivale a um aumento de patrimônio. Por exemplo:

- Você tem 10 ações de uma empresa que possui 1.000 ações.
- A empresa utiliza parte dos lucros para recomprar 500 ações de investidores.
- Em seguida, a empresa cancela estas 500 ações, passando a ter apenas 500 ações no total.

Suas 10 ações, que antes representavam uma participação de 1% na empresa, agora equivalem a 2%. Como não houve mudança no valor da empresa, sua participação na empresa duplicou, seu patrimônio e seu direito de participação nos lucros também.

Custos

As taxas para se investir em ações incluem:

- **Corretagem**: valor variável para cada corretora, pago quando você efetua uma compra ou uma venda de ações;

- **Emolumentos:** 0,004032% do montante negociado, recolhidos pela corretora e repassados para a Bolsa, quando você efetua uma operação;
- **Liquidação:** 0,0275% do montante negociado, pagos para a Bolsa quando você efetua uma operação;
- **Taxa de manutenção da conta de custódia:** é cobrada pela B3 conforme a tabela abaixo:

Tipo de conta	De	Até	Valor
Conta sem movimentação ou posição (que não possui nenhum ativo)			R$7,63 por mês
Contas com movimentação ou posição de ativos	R$0,00	R$5.000,00	R$8,78 por mês
	Acima de R$5.000,00		R$9,28 por mês

Tabela 7 Valores da taxa de manutenção de custódia cobrada pela Bolsa e Valores. Consulte o site da B3 para valores atualizados.

- **Taxa sobre o valor em custódia:** taxa percentual anual cobrada pela Bolsa de investidores com carteiras de ações cujo valor seja superior a R$300.000,00, de acordo com a Tabela 8.

VALOR (em R$ milhões)	TAXA
Abaixo de 1	0,0130%
1 a 10	0,0072%
10 a 100	0,0032%
100 a 1.000	0,0025%
1.000 a 10.000	0,0015%
Acima de 10.000	0,0005%

Tabela 8 Valores da taxa sobre a custódia cobradas pela Bolsa de Valores.

- **Taxa de Processamento:** Essa é uma tarifa cobrada para o processamento de rendimentos recebidos pelos investidores que possuam **mais de R$20.000,00 em ativos custodiados.** Na época em que este livro foi escrito, a taxa cobrada era de 0,12% sobre cada evento, sendo o valor máximo de cobrança por operação de R$5.000,00. O valor é descontado dos proventos recebidos pelo investidor.
- **Imposto de Renda:** a alíquota de imposto de renda que incide sobre operações no mercado à vista com ações é de 15% sobre o lucro das operações. No entanto, só será necessário pagar o imposto se o valor do somatório de todas as vendas de ações que você fizer no mês, for maior que R$20.000,00. Você encontrará mais informações a respeito do imposto de renda sobre investimentos em ações no capítulo 20.

Corretoras e as taxas

Às vezes, a forma como as corretoras informam a cobrança das taxas pode ser meio confusa, gerando dúvidas ao investidor.

Em geral, é comum a corretora informar as taxas da seguinte forma:

Negociação no mercado à vista: é a taxa cobrada pelas ordens enviadas via homebroker – do seu computador – para compras no mercado em que se opera com lotes de 100 ações.

Negociação no mercado fracionário: é a taxa cobrada pelas ordens enviadas via homebroker – do seu computador – para compras no mercado em que se opera com quantidades de 1 a 99 ações – o mercado fracionário. Algumas corretoras cobram taxas menores para ordens no mercado fracionário, o que pode ser uma vantagem para o pequeno investidor, o qual costuma enviar as ordens nesta modalidade.

Ordens pela mesa de operações: caso não queira utilizar o homebroker, você pode ligar na corretora e solicitar que o operador envie a ordem para você. Este método é chamado de ordem via mesa de operações. Estas taxas de corretagem costumam ser mais elevadas.

Taxa de custódia: as taxas de custódia são cobradas da corretora pela Bolsa. As corretoras podem optar por repassar ou não este custo ao cliente. É comum que as corretoras isentem o cliente desta taxa caso eles realizem uma ou mais operações no mesmo mês.

Algumas corretoras informam as taxas fazendo referência à atividade de especulação, também chamado de *trade*. Assim:

Daytrade: é a operação que começa e se encerra no mesmo dia. Por exemplo, se você compra uma ação em um dia e vende antes do fim do pregão, você terá feito um *daytrade*. Esta operação, independente do mercado onde é executada – à vista ou fracionário – é diferenciada das demais não só na cobrança de taxas como também na do imposto.

Swingtrade: é a operação que dura mais de um dia. Pode-se dizer que o investidor de longo prazo faz um *swingtrade* com a duração de dezenas de anos ou que dura para sempre, caso ele não venda suas ações. Assim, se sua corretora informar as taxas através desta nomenclatura, e você for um investidor, suas operações de compra de ações serão taxadas por esta modalidade.

É prática comum das corretoras oferecerem pacotes de corretagem, isto é, você paga por mês e tem direito a um número predeterminado de ordens, que acabam ficando a um custo menor do que a opção fora do pacote. Fique atento e verifique se o preço que você está vendo não é o cobrado pelas ordens contratadas em um pacote.

Liquidez

Liquidez é a capacidade de conversão de um bem em dinheiro. Para investir em ações, você tira dinheiro da sua conta corrente, manda para a sua corretora e então compra a ação de alguém que está vendendo. Para retornar o dinheiro a sua conta, é preciso fazer o caminho inverso: encontrar alguém disposto a comprar a ação e, após executar a ordem de venda das suas ações, enviar o dinheiro da corretora para sua conta corrente no banco. Às vezes, isto pode demorar mais do que você gostaria.

No caso específico das ações, entendemos a liquidez como a facilidade em realizar uma compra ou uma venda. Ignora-se a questão da movimentação de dinheiro da corretora para o banco.

A liquidez é a facilidade de se realizar uma compra ou venda da ação.

A liquidez depende de cada ação. É preciso verificar:

- **Quantidade de negócios diários**: número de compras e vendas realizados ao longo do dia; e
- **Volume de negociação**: quantidade de dinheiro que foi movimentada pelos negócios do dia.

Um número adequado para esses fatores vai depender do volume de dinheiro que você deseja investir e da sua estratégia, mas, de maneira geral, ações que possuem mais de 100 negócios por dia e volume de negócios na casa das centenas de milhares de reais[2] apresentam liquidez suficiente para um pequeno investidor fazer seus investimentos.

---

2 Estas informações podem ser obtidas em sites de finanças como o Yahoo Finance e no site da Bolsa: http://www.b3.com.br/pt_br/market-data-e-indices/servicos-de-dados/market-data/cotacoes/

A liquidez exerce um papel importante também no preço das ações.

Ações com pouca liquidez, ou seja, ações em que há poucos compradores e vendedores, tendem a ter uma diferença grande entre a melhor oferta de compra e a melhor oferta de venda. Isto significa que, se você estiver com pressa para vender a ação, terá de se resignar a aceitar o preço que está sendo oferecido, que pode ser abaixo do que você gostaria.

O mesmo vale para compra de ações com pouca liquidez. Para conseguir executar a compra rapidamente, terá de pagar o preço que estão pedindo no momento.

A diferença entre o preço da melhor oferta de compra e o preço da melhor oferta de venda é chamado de **spread**. Ações com pouca liquidez possuem grandes spreads enquanto ações com muita liquidez possuem *spread* de centavos.

Quando seu patrimônio em uma única ação ficar muito grande, lembre-se de ficar atento com a liquidez para não acabar ficando "preso" a suas ações caso deseje vendê-las.

Riscos

Há diversos riscos envolvidos no investimento em ações. Os principais serão inerentes às empresas em que se investe. De forma geral, grandes ciclos de depressão na economia acabam afetando as empresas como um todo, mas as boas empresas sobreviverão. Assim, analise com cautela qual o tipo de negócio das suas empresas e veja quais os riscos que elas correm. Dívidas, variações de câmbio, preço da matéria prima, concessões governamentais, políticas fiscais e diversos outros podem afetar o desempenho da sua empresa.

Os demais riscos estão ligados a sua estratégia de investimento. Para o pequeno investidor, o maior risco está no efeito psicológico causado pela disponibilidade das cotações instantâneas, na sua insegurança com relação aos investimentos que está fazendo e na falta de diversificação, levando-o a ficar excessivamente nervoso com as variações de preço.

O fato é que não é possível controlar ou prever que tipo de coisa poderá trazer consequências negativas para as empresas das quais você é sócio, por isso, o ideal é ter uma estratégia que diminua seus riscos ao máximo, minimizando as perdas que, certamente, ocorrerão. Discutiremos mais sobre a estratégia de investimento no capítulo 16.

Podemos classificar os riscos do investidor de ações da seguinte maneira:

- Risco de mercado
- Riscos econômicos
- Risco regulatório
- Risco tributário
- Risco judicial
- Riscos específicos
- Risco de liquidez

Vamos analisar cada um deles com mais detalhes.

Risco de Mercado

O risco de mercado é o risco relacionado à variação do preço das ações. A todo momento as pessoas que negociam ações estão reavaliando seus investimentos e qualquer informação nova, alteração econômica ou política governamental pode fazê-las reavaliarem o preço pelo qual estão dispostas a negociar a ação. À variação do preço é dado o nome de volatilidade. Uma ação volátil é uma ação que sofre grandes variações de preço em torno de um valor médio, em curtos espaços de tempo.

Essa incerteza sobre o preço da ação, origem do nome renda variável, faz com que o investidor não saiba qual valor receberá caso tenha de vender suas ações. É por isso que não é recomendado investir em ações esperando um retorno certo ou investir dinheiro que você possa a vir precisar no futuro, pois não há qualquer garantia de retorno ou de quando ele acontecerá.

O risco de mercado engloba os outros riscos que discutiremos a seguir.

Risco Econômico

O risco econômico está ligado às conjunturas econômicas do país e do mundo. Sinais de piora podem fazer os investidores reavaliarem seus investimentos e optarem por abandonar a renda variável, ocasionando uma queda no preço. O inverso ocorre quando há sinais de melhora econômica. Este é mais um fator sobre o qual o investidor de ações não tem qualquer controle. Mesmo em crises econômicas sistêmicas há empresas que mantém bons resultados ou sofrem apenas leve piora enquanto outras vão à falência ou se veem em apuros. O ideal, então, é acompanhar os resultados das empresas para avaliar como elas estão lidando com a crise. Bons administradores entregam bons resultados mesmo em tempos difíceis.

Risco Regulatório

A qualquer momento, o governo pode decidir alterar, criar ou extinguir uma lei, trazendo consequências aos resultados das empresas. Este é mais um risco sobre o qual o investidor não tem controle. Nunca se sabe que tipo de atitude os governantes irão tomar, por isso, a única defesa do investidor é diversificar seus investimentos.

Risco Tributário

Da mesma forma, o governo pode alterar legislações tributárias do dia para noite, impactando no resultado das empresas ou no preço das ações. Por exemplo, o início da cobrança de imposto de renda sobre dividendos (atualmente isentos) certamente afetará os preços das ações na Bolsa, que serão ajustados para que o rendimento final dos investidores esteja de acordo com suas expectativas.

Risco Judicial

Empresas também podem se envolver em processos judiciais que podem levar muitos anos para serem encerrados. Existe o risco de que a empresa seja penalizada com multa ou valores a serem pagos de forma retroativa. Se ela não se preparar para este tipo de problema, poderá se ver em uma situação ruim. O investidor deve se informar sobre possíveis envolvimentos judiciais das suas empresas e verificar quais atitudes a administração está tomando. Nem sempre o resultado será negativo, há também os casos em que a empresa ganha a causa e pode reaver dinheiro que antes era considerado perdido.

Riscos Específicos

Cada empresa terá os riscos específicos a área em que atua e sobre os quais não tem controle. Por exemplo, a Petrobras está a mercê do preço do petróleo no mercado internacional, porém não pode alterar seus preços no mercado nacional sem autorização do governo. Outro exemplo é a Vale S.A., envolvida em dois acidentes ambientais de grande proporção que poderiam ter prejudicado a empresa de forma irreversível. O papel do investidor é avaliar como a administração atua em relação aos riscos específicos da empresa e se estas proteções realmente são efetivas.

Risco de Liquidez

Por algum motivo alheio à sua vontade, pode ocorrer significativa redução no número de negócios das ações que você possui. Isto pode ocorrer devido a uma grande elevação do preço, retirada pela empresa das ações em negociação ou simplesmente perda de interesse dos investidores.

Redução na liquidez não só resultará na dificuldade em realizar operações com suas ações como também pode obrigá-lo a ter de aceitar preços excessivamente fora da faixa pela qual você estava disposto a negociar.

O investidor pode atuar ativamente contra este risco investindo em empresas com boa liquidez e acompanhando a evolução dos negócios ao longo do tempo, bem como os eventos que possam afetar a liquidez. E, a qualquer sinal de mudança, reavalia se mantém seu investimento.

CAPÍTULO 12

CONTABILIDADE PARA INVESTIDORES

Como fazer para analisar os resultados de uma empresa? Muitas pessoas e instituições têm interesse nestes dados:

- O governo quer saber quanto a empresa deve pagar de imposto.
- Os investidores querem saber se a empresa está dando bons resultados.
- Os administradores querem saber o que está acontecendo na empresa para atuarem e corrigirem pontos negativos.
- Outras empresas querem comparar seus resultados.

O problema com os resultados de uma empresa é que eles podem ser apresentados de diversas maneiras e a empresa poderia muito bem dar uma versão dos resultados diferente para cada um desses interessados, de forma a agradar a todos. Não só isso, diferentes empresas têm fatores completamente diversos influenciando em suas atividades. O que é a fonte de lucro de uma empresa pode ser a despesa de outra.

A maneira encontrada para atender a todos e, de quebra, evitar as fraudes, foi padronizar as demonstrações de resultados que as empresas devem apresentar. Isto foi feito mundialmente com o padrão *International Financial Reporting Standards* (IFRS) de contabilidade.

As empresas de capital aberto, além de seguirem esse padrão, devem divulgar seus resultados referentes a cada trimestre e a cada ano. Assim, terminado um trimestre as empresas têm o prazo de 45 dias para entregarem à CVM um formulário chamado Formulário de Informações Trimestrais, ou ITR. Após último trimestre do ano a empresa deve entregar também o Formulário de Demonstrações Financeiras Padronizadas, ou DFP, que contém a demonstração de resultados do ano todo, num prazo de até três meses. O período de apuração das demonstrações é chamado de **Exercício Social**.

São três os tipos de demonstração que a empresa divulga:

- O Balanço Patrimonial;
- A Demonstração do Resultado do Exercício (DRE); e
- Demonstração do Fluxo de Caixa (DFC).

Vamos dar uma olhada em cada um deles.

Balanço Patrimonial

O Balanço Patrimonial é como uma foto tirada em um momento da vida da empresa. Ele retrata todos os bens, os direitos, as obrigações e os deveres da empresa. Assim, analisando o Balanço Patrimonial você pode chegar à informações do tipo:

- Quanto a empresa possui em imóveis;
- Quanto a empresa está devendo;
- Quanto estão devendo para a empresa; e
- Quais são as reservas de dinheiro da empresa.

Para compreender melhor este demonstrativo, vamos construir o Balanço Patrimonial da INVESTINDO S.A.

Quando abrimos a INVESTINDO S.A. colocamos R$10.000,00 do nosso bolso na empresa. Vamos supor que com esse dinheiro compramos R$5.000,00 em computadores, guardamos R$ 1.000,00 em dinheiro para financiar as atividades da empresa e o restante utilizamos para pagar a entrada de um escritório no valor de R$50.000,00 que será pago a prazo.

Como podemos representar a situação da nossa empresa neste momento?

Bem, há muito tempo atrás[1] surgiu um método de registro com duas colunas. Na coluna da esquerda lança-se todos os bens e direitos da empresa e, na da direita, lança-se todos os deveres e obrigações da empresa.

Chamamos a coluna da esquerda, dos bens e direitos, de Ativo, enquanto a coluna da direita, a das obrigações e deveres, é chamada de Passivo.

Usando deste método, poderíamos apresentar a situação patrimonial da nossa empresa assim:

ATIVO		PASSIVO	
DINHEIRO	R$1.000,00	DÍVIDAS	R$46.000,00
COMPUTADORES	R$5.000,00	PATRIMÔNIO LÍQUIDO	
ESCRITÓRIO	R$50.000,00	CAPITAL SOCIAL	R$10.000,00

Tabela 9 Balanço Patrimonial hipotético para a empresa INVESTINDO S.A.

Olhando esse Balanço uma pessoa rapidamente consegue visualizar a situação da empresa. Observe que o Capital Social – dinheiro colocado pelos investidores na empresa – entra do lado do Passivo, no entanto está em uma parte do balanço chamada Patrimônio Líquido.

Nas regras de contabilidade, divide-se o ativo e o passivo em duas partes:

---

1 Saiba mais acessando: https://pt.wikipedia.org/wiki/M%C3%A9todo_das_partidas_dobradas

- **Circulante**: direitos e obrigações previstos para serem encerrados em até 12 meses, ou seja, de curto prazo.
- **Não Circulante**: direitos e obrigações previstos para prazos superiores a 12 meses, ou seja, de longo prazo.

Como você já sabe, as demonstrações são padronizadas, por isso a empresa não pode preencher o balanço como bem entender e deve seguir um modelo. Algumas das rubricas (informações) a serem lançadas estão na Tabela 10.

ATIVO	PASSIVO
ATIVO CIRCULANTE	PASSIVO CIRCULANTE
Caixa	Empréstimos de Curto Prazo
Aplicações financeiras	Fornecedores
Contas a receber no curto prazo	Impostos e Taxas
Estoque	Salários e Encargos sociais
Impostos a recuperar	Dividendos a pagar
Outros	PASSIVO NÃO CIRCULANTE
ATIVO NÃO CIRCULANTE	Empréstimos de Longo Prazo
Realizável a longo prazo	Impostos a pagar
Imobilizado	Contas a pagar
Investimentos	PATRIMÔNIO LÍQUIDO
Intangível	Capital Social
	Reservas de Lucro

Tabela 10   Informações básicas do Balanço Patrimonial.

Cada empresa apresentará particularidades em seus balanços, as quais serão explicadas em notas ao final da demonstração. Abaixo temos o Balanço Patrimonial da AMBEV S.A. para que você veja como é um balanço de verdade.

Conta	Descrição	31/12/2018	31/12/2017	31/12/2016
1	Ativo Total	94.126.138	86.851.989	83.841.418
1.01	Ativo Circulante	25.329.605	24.718.073	23.886.851

Conta	Descrição	31/12/2018	31/12/2017	31/12/2016
1.01.01	Caixa e Equivalentes de Caixa	11.463.498	10.354.527	7.876.849
1.01.02	Aplicações Financeiras	13.391	11.883	282.771
1.01.02.01	Aplicações Financeiras Avaliadas a Valor Justo através do Resultado	13.391	11.883	282.771
1.01.02.01.01	Títulos para Negociação	13.391	11.883	282.771
1.01.02.01.02	Títulos Designados a Valor Justo			
1.01.02.02	Aplicações Financeiras Avaliadas a Valor Justo através de Outros Resultados Abrangentes			
1.01.02.03	Aplicações Financeiras Avaliadas ao Custo Amortizado			
1.01.03	Contas a Receber	4.879.256	4.944.831	4.368.059
1.01.03.01	Clientes	4.584.807	4.814.200	4.330.810
1.01.03.02	Outras Contas a Receber	294.449	130.631	37.249
1.01.03.02.01	Contas a Receber de Partes Relacionadas			
1.01.04	Estoques	5.401.793	4.318.973	4.347.052
1.01.04.01	Produto Acabado	1.687.954	1.528.434	1.445.462
1.01.04.02	Produto em Elaboração	339.459	309.567	328.453
1.01.04.03	Matérias Primas	2.517.305	1.816.331	1.962.731
1.01.04.04	Materiais de Produção	106.989	77.208	50.026

Conta	Descrição	31/12/2018	31/12/2017	31/12/2016
1.01.04.05	Almoxarifado e Outros	901.472	687.785	681.640
1.01.04.06	Provisão para Perdas	-151.386	-100.352	-121.260
1.01.05	Ativos Biológicos			
1.01.06	Tributos a Recuperar	2.148.714	3.370.541	5.423.310
1.01.06.01	Tributos Correntes a Recuperar	2.148.714	3.370.541	5.423.310
1.01.06.01.01	Imposto de renda e Contribuição Social a Recuperar	1.285.424	2.770.376	4.693.724
1.01.06.01.02	Impostos Indiretos a Recuperar	863.290	600.165	729.586
1.01.07	Despesas Antecipadas	741.222	771.499	771.257
1.01.07.01	Despesas Antecipadas Marketing	741.222	771.499	771.257
1.01.07.02	Outras Despesas Antecipadas			
1.01.08	Outros Ativos Circulantes	681.731	945.819	817.553
1.01.08.01	Ativos Não-Correntes a Venda			
1.01.08.02	Ativos de Operações Descontinuadas			
1.01.08.03	Outros	681.731	945.819	817.553
1.01.08.03.01	Instrumentos Financeiros Derivativos	220.032	350.036	196.655
1.01.08.03.02	Juros a Receber	828	4.718	18.981
1.01.08.03.03	Outros Ativos	460.871	591.065	601.917
1.01.08.03.04	Dividendos a Receber			
1.02	Ativo Não Circulante	68.796.533	62.133.916	59.954.567

CONTABILIDADE PARA INVESTIDORES 111

Conta	Descrição	31/12/2018	31/12/2017	31/12/2016
1.02.01	Ativo Realizável a Longo Prazo	8.325.628	6.997.050	4.743.535
1.02.01.01	Aplicações Financeiras Avaliadas a Valor Justo através do Resultado			
1.02.01.01.01	Títulos Designados a Valor Justo			
1.02.01.02	Aplicações Financeiras Avaliadas a Valor Justo através de Outros Resultados Abrangentes			
1.02.01.03	Aplicações Financeiras Avaliadas ao Custo Amortizado	147.341	121.956	104.340
1.02.01.03.01	Títulos Mantidos até o Vencimento	147.341	121.956	104.340
1.02.01.04	Contas a Receber			
1.02.01.04.01	Clientes			
1.02.01.04.02	Outras Contas a Receber			
1.02.01.05	Estoques			
1.02.01.06	Ativos Biológicos			
1.02.01.07	Tributos Diferidos	2.017.475	2.279.339	2.268.142
1.02.01.07.01	Imposto de Renda e Contribuição Social Diferidos	2.017.475	2.279.339	2.268.142
1.02.01.08	Despesas Antecipadas	154.121	133.183	150.884
1.02.01.09	Créditos com Partes Relacionadas			
1.02.01.09.01	Créditos com Coligadas			
1.02.01.09.03	Créditos com Controladores			

112 APRENDA A INVESTIR EM AÇÕES

Conta	Descrição	31/12/2018	31/12/2017	31/12/2016
1.02.01.09.04	Créditos com Outras Partes Relacionadas			
1.02.01.10	Outros Ativos Não Circulantes	6.006.691	4.462.572	2.220.169
1.02.01.10.01	Ativos Não-Correntes a Venda			
1.02.01.10.02	Ativos de Operações Descontinuadas			
1.02.01.10.03	Depósitos Judiciais Compulsórios e de Incentivos	574.726	551.008	571.305
1.02.01.10.04	Imposto de Renda e Contribuição Social a Recuperar	3.834.413	2.312.664	4.493
1.02.01.10.05	Demais impostos a recuperar	539.795	225.036	343.147
1.02.01.10.06	Superávit de Ativos	64.285	58.443	33.503
1.02.01.10.08	Instrumentos Financeiros Derivativos	34.900	35.188	16.326
1.02.01.10.09	Títulos a Receber	353.173	881.752	899.160
1.02.01.10.10	Outros	605.399	398.481	352.235
1.02.02	Investimentos	257.135	237.961	300.115
1.02.02.01	Participações Societárias	257.135	237.961	300.115
1.02.02.01.01	Participações em Coligadas			
1.02.02.01.04	Participações em Controladas em Conjunto	257.135	237.961	300.115
1.02.02.01.05	Outros Investimentos			
1.02.02.02	Propriedades para Investimento			
1.02.03	Imobilizado	20.096.996	18.822.327	19.153.836
1.02.03.01	Imobilizado em Operação	18.629.593	17.545.621	17.392.999

Conta	Descrição	31/12/2018	31/12/2017	31/12/2016
1.02.03.02	Direito de Uso em Arrendamento	45.355	18.744	20.098
1.02.03.03	Imobilizado em Andamento	1.422.048	1.257.962	1.740.739
1.02.04	Intangível	40.116.774	36.076.578	35.757.081
1.02.04.01	Intangíveis	5.840.598	4.674.704	5.245.881
1.02.04.01.01	Contrato de Concessão			
1.02.04.01.02	Outros Intangíveis	5.840.598	4.674.704	5.245.881
1.02.04.01.03	Ágio			
1.02.04.02	Goodwill	34.276.176	31.401.874	30.511.200

Tabela 11   Ativo do Balanço Patrimonial da AMBEV S.A. para o exercício social encerrado em 31/2/2018[2].

Conta	Descrição	31/12/2018	31/12/2017	31/12/2016
2	Passivo Total	94.126.138	86.851.989	83.841.418
2.01	Passivo Circulante	24.828.370	28.688.476	28.773.650
2.01.01	Obrigações Sociais e Trabalhistas	851.619	1.047.182	686.627
2.01.01.01	Obrigações Sociais	384.863	562.543	330.480
2.01.01.02	Obrigações Trabalhistas	466.756	484.639	356.147
2.01.02	Fornecedores	12.774.162	10.418.429	9.793.009
2.01.02.01	Fornecedores Nacionais	6.853.219	5.554.496	5.039.815
2.01.02.02	Fornecedores Estrangeiros	5.920.943	4.863.933	4.753.194
2.01.03	Obrigações Fiscais	5.340.211	5.493.847	4.282.418
2.01.03.01	Obrigações Fiscais Federais	3.000.471	3.261.182	2.213.274
2.01.03.01.01	Imposto de Renda e Contribuição Social a Pagar	1.558.589	1.668.407	904.240

---

2   Fonte: https://www.b3.com.br

Conta	Descrição	31/12/2018	31/12/2017	31/12/2016
2.01.03.01.02	Demais Tributos e Contribuições Federais	1.441.882	1.592.775	1.309.034
2.01.03.01.03	Diferimento de Impostos sobre Vendas			
2.01.03.02	Obrigações Fiscais Estaduais	2.156.746	2.090.284	1.979.166
2.01.03.02.01	Imposto sobre Circulação de Mercadorias	2.008.894	1.918.652	1.802.598
2.01.03.02.02	Diferimento de Impostos sobre Vendas	147.852	171.632	176.568
2.01.03.03	Obrigações Fiscais Municipais	182.994	142.381	89.978
2.01.04	Empréstimos e Financiamentos	1.560.630	1.321.122	3.630.604
2.01.04.01	Empréstimos e Financiamentos	1.560.630	1.321.122	3.630.604
2.01.04.01.01	Em Moeda Nacional	234.058	351.376	725.951
2.01.04.01.02	Em Moeda Estrangeira	1.326.572	969.746	2.904.653
2.01.04.02	Debêntures			
2.01.04.03	Financiamento por Arrendamento			
2.01.05	Outras Obrigações	4.128.751	10.238.939	10.212.356
2.01.05.01	Passivos com Partes Relacionadas	1.275.883	1.435.499	1.075.748
2.01.05.01.01	Débitos com Coligadas			
2.01.05.01.03	Débitos com Controladores			
2.01.05.01.04	Débitos com Outras Partes Relacionadas	1.275.883	1.435.499	1.075.748
2.01.05.02	Outros	2.852.868	8.803.440	9.136.608

CONTABILIDADE PARA INVESTIDORES 115

Conta	Descrição	31/12/2018	31/12/2017	31/12/2016
2.01.05.02.01	Dividendos e JCP a Pagar	806.981	1.778.633	1.714.401
2.01.05.02.02	Dividendo Mínimo Obrigatório a Pagar			
2.01.05.02.03	Obrigações por Pagamentos Baseados em Ações			
2.01.05.02.04	Instrumentos Financeiros Derivativos	679.298	215.090	686.358
2.01.05.02.05	Conta Garantida	0	1.792	0
2.01.05.02.06	Opção de Venda Concedida sobre Participação em Controlada	207.661	5.530.707	5.187.434
2.01.05.02.07	Juros a Pagar	94.205	80.719	79.606
2.01.05.02.08	Outros Passivos	1.064.723	1.196.499	1.468.809
2.01.06	Provisões	172.997	168.957	168.636
2.01.06.01	Provisões Fiscais Previdenciárias Trabalhistas e Cíveis	165.142	161.668	161.931
2.01.06.01.01	Provisões Fiscais	59.308	59.309	59.308
2.01.06.01.02	Provisões Previdenciárias e Trabalhistas	79.867	77.289	77.357
2.01.06.01.03	Provisões para Benefícios a Empregados			
2.01.06.01.04	Provisões Cíveis	17.330	17.109	17.325
2.01.06.01.05	Provisões Outras	8.637	7.961	7.941
2.01.06.02	Outras Provisões	7.855	7.289	6.705
2.01.06.02.01	Provisões para Garantias			
2.01.06.02.02	Provisões para Reestruturação	7.855	7.289	6.705
2.01.06.02.03	Provisões para Passivos Ambientais e de Desativação			

Conta	Descrição	31/12/2018	31/12/2017	31/12/2016
2.01.07	Passivos sobre Ativos Não-Correntes a Venda e Descontinuados			
2.01.07.01	Passivos sobre Ativos Não-Correntes a Venda			
2.01.07.02	Passivos sobre Ativos de Operações Descontinuadas			
2.02	Passivo Não Circulante	11.750.344	10.180.658	8.416.495
2.02.01	Empréstimos e Financiamentos	862.138	1.231.928	1.765.706
2.02.01.01	Empréstimos e Financiamentos	757.463	1.129.189	1.664.903
2.02.01.01.01	Em Moeda Nacional	434.944	630.809	1.064.448
2.02.01.01.02	Em Moeda Estrangeira	322.519	498.380	600.455
2.02.01.02	Debêntures	104.675	102.739	100.803
2.02.01.03	Financiamento por Arrendamento			
2.02.02	Outras Obrigações	8.037.412	6.106.921	3.555.697
2.02.02.01	Passivos com Partes Relacionadas			
2.02.02.01.01	Débitos com Coligadas			
2.02.02.01.03	Débitos com Controladores			
2.02.02.01.04	Débitos com Outras Partes Relacionadas			
2.02.02.02	Outros	8.037.412	6.106.921	3.555.697
2.02.02.02.01	Obrigações por Pagamentos Baseados em Ações			

CONTABILIDADE PARA INVESTIDORES 117

Conta	Descrição	31/12/2018	31/12/2017	31/12/2016
2.02.02.02.02	Adiantamento para Futuro Aumento de Capital			
2.02.02.02.03	Provisão para Benefícios Assistência Médica e Outros	2.343.662	2.310.685	2.137.657
2.02.02.02.04	Fornecedores	126.142	175.054	237.802
2.02.02.02.05	Diferimento de Impostos sobre Vendas	616.532	712.606	510.775
2.02.02.02.06	Demais Tributos e Contribuições Federais	59.032	59.013	8.703
2.02.02.02.07	Passivo a Descoberto Empresas Controladas	74.758	28.210	25.047
2.02.02.02.08	Instrumentos Financeiros Derivativos	2.450	2.434	27.022
2.02.02.02.09	Opção de Venda Concedida sobre Participação em Controlada	2.575.641	387.275	439.161
2.02.02.02.10	Outros Passivos	11.400	13.617	7.584
2.02.02.02.11	Imposto de Renda e Contribuição Social a Pagar	2.227.795	2.418.027	0
2.02.02.02.12	Demais Tributos e Contribuições Estaduais	0	0	161.946
2.02.03	Tributos Diferidos	2.424.567	2.329.229	2.329.722
2.02.03.01	Imposto de Renda e Contribuição Social Diferidos	2.424.567	2.329.229	2.329.722
2.02.04	Provisões	426.227	512.580	765.370

Conta	Descrição	31/12/2018	31/12/2017	31/12/2016
2.02.04.01	Provisões Fiscais Previdenciárias Trabalhistas e Cíveis	425.354	511.770	764.624
2.02.04.01.01	Provisões Fiscais	247.822	323.970	511.335
2.02.04.01.02	Provisões Previdenciárias e Trabalhistas	38.300	52.107	88.344
2.02.04.01.03	Provisões para Benefícios a Empregados			
2.02.04.01.04	Provisões Cíveis	37.586	18.164	26.636
2.02.04.01.05	Provisões Outros	101.646	117.529	138.309
2.02.04.02	Outras Provisões	873	810	746
2.02.04.02.01	Provisões para Garantias			
2.02.04.02.02	Provisões para Reestruturação	873	810	746
2.02.04.02.03	Provisões para Passivos Ambientais e de Desativação			
2.02.05	Passivos sobre Ativos Não-Correntes a Venda e Descontinuados			
2.02.05.01	Passivos sobre Ativos Não-Correntes a Venda			
2.02.05.02	Passivos sobre Ativos de Operações Descontinuadas			
2.02.06	Lucros e Receitas a Apropriar			
2.02.06.01	Lucros a Apropriar			
2.02.06.02	Receitas a Apropriar			

CONTABILIDADE PARA INVESTIDORES   119

Conta	Descrição	31/12/2018	31/12/2017	31/12/2016
2.02.06.03	Subvenções de Investimento a Apropriar			
2.03	Patrimônio Líquido Consolidado	57.547.424	47.982.855	46.651.273
2.03.01	Capital Social Realizado	57.710.202	57.614.140	57.614.140
2.03.02	Reservas de Capital	54.781.194	54.700.909	54.529.780
2.03.02.01	Ágio na Emissão de Ações	53.662.811	53.662.811	53.662.811
2.03.02.02	Reserva Especial de Ágio na Incorporação			
2.03.02.03	Alienação de Bônus de Subscrição			
2.03.02.04	Opções Outorgadas			
2.03.02.05	Ações em Tesouraria	-20.841	-139.665	-312.670
2.03.02.06	Adiantamento para Futuro Aumento de Capital			
2.03.02.07	Pagamento Baseado em Ações	1.300.219	1.232.194	1.074.747
2.03.02.08	Gastos com Emissão de Ações			
2.03.02.09	Resultado de Ações em Tesouraria	-861.893	-755.329	-596.006
2.03.02.10	Outras Reservas de Capital	700.898	700.898	700.898
2.03.03	Reservas de Reavaliação			
2.03.04	Reservas de Lucros	15.434.093	8.660.235	9.700.248
2.03.04.01	Reserva Legal	4.456	4.456	4.456
2.03.04.02	Reserva Estatutária	6.710.053	1.267.721	3.859.995
2.03.04.03	Reserva para Contingências			

Conta	Descrição	31/12/2018	31/12/2017	31/12/2016
2.03.04.04	Reserva de Lucros a Realizar			
2.03.04.05	Reserva de Retenção de Lucros			
2.03.04.06	Reserva Especial para Dividendos Não Distribuídos			
2.03.04.07	Reserva de Incentivos Fiscais	8.719.584	7.388.058	5.835.797
2.03.04.08	Dividendo Adicional Proposto			
2.03.04.09	Ações em Tesouraria			
2.03.05	Lucros/Prejuízos Acumulados			
2.03.06	Ajustes de Avaliação Patrimonial	-71.584.866	-74.966.470	-77.019.120
2.03.06.01	Reservas de Conversão	4.089.111	1.639.099	-289.483
2.03.06.02	Hedge de Fluxo de Caixa	777.123	368.806	-144.568
2.03.06.03	Ganhos / (Perdas) Atuariais	-1.116.114	-1.144.468	-1.262.170
2.03.06.04	Opções Concedidas sobre Participação em Controlada	-120.083	-2.771.248	-2.390.843
2.03.06.05	Ganhos/(Perdas) de Participação	19.558	2.099.921	2.150.643
2.03.06.06	Combinação de Negócios	156.091	156.091	156.091
2.03.06.07	Ajustes Contábeis de Transações entre Sócios	-75.390.552	-75.314.671	-75.238.790
2.03.07	Ajustes Acumulados de Conversão			

Conta	Descrição	31/12/2018	31/12/2017	31/12/2016
2.03.08	Outros Resultados Abrangentes			
2.03.08.01	Ganhos (Perdas) Atuariais			
2.03.08.02	Hedge de Fluxo de Caixa			
2.03.08.03	Reservas de Conversão			
2.03.08.04	Ganhos/Perdas de Participação na Variação de Capital			
2.03.08.05	Resultado Diferido da Aquisição de Controladas			
2.03.08.06	Combinação de Negócios			
2.03.08.07	Ajustes Contábeis de Transações entre Sócios			
2.03.09	Participação dos Acionistas Não Controladores	1.206.801	1.974.041	1.826.225

Tabela 12 Passivo do Balanço Patrimonial da AMBEV S.A. para o exercício social encerrado em 31/2/2018[3].

Demonstração do Resultado do Exercício

A DRE conta a história do que aconteceu no Exercício Social da empresa em questões como receitas e despesas para, então, obter qual foi o resultado da operação: prejuízo ou lucro.

Se fôssemos calcular o resultado da INVESTINDO S.A., basicamente o que teríamos que fazer seria calcular todas as receitas – dinheiro ganho pela empresa – e subtrair todas as despesas que tivemos.

---
3 Fonte: https://www.b3.com.br

Por exemplo, digamos que no primeiro trimestre a INVESTINDO S.A. conseguiu R$1.000,00 de receita e teve R$500,00 de despesas totais. Nossa DRE ficaria como na Tabela 13.

DRE	
Receitas	R$1.000,00
Despesas	-R$500,00
Lucro	R$500,00

Tabela 13 DRE hipotética para a INVESTINDO S.A.

Em algumas demonstrações financeiras, valores negativos podem ser representados com parênteses ao invés do sinal de negativo.

Apesar de apresentar o resultado da empresa, esta DRE não nos dá muitos detalhes do que realmente aconteceu. Por exemplo, quanto foi gasto em impostos, quais foram as despesas com matérias primas, com material de escritório, luz, etc.

As DRE padronizadas dividem os resultados em três grupos, os quais consideram:

- As receitas e despesas diretamente ligadas ao negócio da empresa;
- Os gastos com atividades administrativas e de vendas; e
- Os resultados das aplicações financeiras, investimentos e pagamento de juros efetuados pela empresa.

A DRE, então, seria algo mais parecido com a Tabela 14.

De posse da DRE você consegue saber quanto a empresa ganha com seu negócio, qual o custo da matéria prima, quanto é gasto com despesas acessórias como administração e vendas, qual o impacto do imposto no resultado e se a dívida ou os investimentos da empresa não estão influenciando demais os resultados.

CONTABILIDADE PARA INVESTIDORES 123

DRE
Receita Bruta
-Imposto sobre Receita
Receita Líquida
-Custo dos produtos vendidos
Lucro Bruto
-Despesas com Vendas
-Despesas Admnistrativas
Lucro antes dos Juros e Imposto (LAJIR ou EBIT)
Receitas Financeiras
-Despesas Financeiras
Lucro antes do Imposto de Renda (LAIR)
-Imposto
Lucro Líquido

Tabela 14   Informações básicas da DRE.

Abaixo temos a DRE da AMBEV S.A. para que você veja como é uma DRE real.

Conta	Descrição	01/01/2018 a 31/12/2018	01/01/2017 a 31/12/2017	01/01/2016 a 31/12/2016
3.01	Receita de Venda de Bens e/ou Serviços	50.231.336	47.899.276	45.602.561
3.02	Custo dos Bens e/ou Serviços Vendidos	-19.269.627	-18.041.778	-16.677.959
3.03	Resultado Bruto	30.961.709	29.857.498	28.924.602
3.04	Despesas/Receitas Operacionais	-13.971.252	-13.433.800	-11.824.227
3.04.01	Despesas com Vendas	-12.465.997	-11.915.494	-12.010.512
3.04.01.01	Despesas Logísticas	-6.736.474	-6.295.544	-6.085.538
3.04.01.02	Despesas Comerciais	-5.729.523	-5.619.950	-5.924.974
3.04.02	Despesas Gerais e Administrativas	-2.367.221	-2.623.796	-2.166.097

Conta	Descrição	01/01/2018 a 31/12/2018	01/01/2017 a 31/12/2017	01/01/2016 a 31/12/2016
3.04.03	Perdas pela Não Recuperabilidade de Ativos			
3.04.04	Outras Receitas Operacionais	1.427.669	1.338.947	2.747.125
3.04.04.01	Recorrentes	1.312.537	1.338.947	1.502.040
3.04.04.02	Não Recorrentes	115.132	0	1.245.085
3.04.05	Outras Despesas Operacionais	-566.743	-230.342	-389.758
3.04.05.01	Recorrentes	-365.188	-121.640	-279.004
3.04.05.02	Não Recorrentes	-201.555	-108.702	-110.754
3.04.06	Resultado de Equivalência Patrimonial	1.040	-3.115	-4.985
3.05	Resultado Antes do Resultado Financeiro e dos Tributos	16.990.457	16.423.698	17.100.375
3.06	Resultado Financeiro	-3.823.436	-3.493.896	-3.702.005
3.06.01	Receitas Financeiras	738.815	774.398	895.947
3.06.02	Despesas Financeiras	-4.562.251	-4.268.294	-4.597.952
3.07	Resultado Antes dos Tributos sobre o Lucro	13.167.021	12.929.802	13.398.370
3.08	Imposto de Renda e Contribuição Social sobre o Lucro	-1.789.594	-5.079.298	-314.973
3.08.01	Corrente	-1.833.480	-5.332.336	-413.907
3.08.02	Diferido	43.886	253.038	98.934
3.09	Resultado Líquido das Operações Continuadas	11.377.427	7.850.504	13.083.397
3.10	Resultado Líquido de Operações Descontinuadas			

Conta	Descrição	01/01/2018 a 31/12/2018	01/01/2017 a 31/12/2017	01/01/2016 a 31/12/2016
3.10.01	Lucro/Prejuízo Líquido das Operações Descontinuadas			
3.10.02	Ganhos/Perdas Líquidas sobre Ativos de Operações Descontinuadas			
3.11	Lucro/Prejuízo Consolidado do Período	11.377.427	7.850.504	13.083.397
3.11.01	Atribuído a Sócios da Empresa Controladora	11.024.678	7.331.968	12.546.610
3.11.02	Atribuído a Sócios Não Controladores	352.749	518.536	536.787
3.99	Lucro por Ação - (Reais / Ação)			
3.99.01	Lucro Básico por Ação			
3.99.01.01	ON	0,70000	0,47000	0,80000
3.99.02	Lucro Diluído por Ação			
3.99.02.01	ON	0,70000	0,46000	0,79000

Tabela 15 DRE da AMBEV S.A. para o exercício social encerrado em 31/2/2018[4].

---

4 Fonte: https://www.b3.com.br

Demonstração do Fluxo de Caixa

Tanto o Balanço Patrimonial quanto a DRE seguem um método de contabilidade chamado de **regime de competência**. Isso significa que operações a prazo são contabilizadas como se o dinheiro já tivesse saído ou entrado na empresa.

No entanto, digamos que você tem um bar que vende fiado. Se estiverem lhe devendo R$ 100,00 em bebidas, que lhe prometeram pagar no final do mês, mas você tem que pagar o seu fornecedor amanhã para poder repor seu estoque, você está em apuros. No entanto, se fizermos um Balanço Patrimonial das suas contas, os R$100,00 que ainda não lhe pagaram vão aparecer no Balanço e na DRE como se o dinheiro já estivesse no seu bolso.

Para resolver esta questão, foi criado outro demonstrativo, a Demonstração do Fluxo de Caixa, que segue o **regime de caixa**. Nesta demonstração é considerado somente o fluxo de dinheiro da empresa que realmente ocorreu.

Continuando no exemplo do seu bar, digamos que você não tenha nada em mãos e o fornecedor queira R$75,00 para repor o estoque. Você vai ter de fazer uma dívida. Sua demonstração do fluxo de caixa ficaria como na Tabela 16.

FLUXO DE CAIXA	
Recebimentos de clientes	R$0,00
Pagamento de Fornecedores	-R$75,00
Empréstimo	R$75,00
Resultado	R$0,00

Tabela 16 Demonstração de fluxo de caixa hipotética.

Repare que no fluxo de caixa quando o dinheiro entra no seu bolso o sinal é positivo e quando o dinheiro sai, ele é negativo.

Com a demonstração do fluxo de caixa temos uma visão melhor da sua situação financeira: você não está com nenhum centavo no bolso e ainda tem uma dívida.

Assim como nas outras demonstrações, a versão padronizada do fluxo de caixa é um pouco mais complexa e pode ser feita de duas formas:

- **Método Indireto**: nesse método, pega-se o lucro líquido da DRE e faz-se ajustes de modo que o resultado reflita somente o dinheiro que realmente foi movimentado (Tabela 17).
- **Método Direto**: nesse método considera-se as receitas e despesas que efetivamente foram realizadas em dinheiro (Tabela 18).

FLUXO DE CAIXA (INDIRETO)
=Lucro Líquido
(+/-) Ajustes
=CAIXA DAS ATIVIDADES OPERACIONAIS
(+/-) Investimentos
=CAIXA LÍQUIDO DAS ATIVIDADES DE INVESTIMENTO
- Pagamento de Empréstimos
+ Captações (Empréstimos realizados)
=CAIXA LÍQUIDO DE ATIVIDADES DE FINANCIAMENTO
RESULTADO DO CAIXA

Tabela 17   Demonstração do Fluxo de Caixa pelo método indireto.

FLUXO DE CAIXA (DIRETO)
+ Recebimento de clientes
- Pagamento de salários
- Pagamento de fornecedores
=CAIXA DAS ATIVIDADES OPERACIONAIS
(+/-) Investimentos

=CAIXA LÍQUIDO DAS ATIVIDADES DE INVESTIMENTO
- Pagamento de Empréstimos
+ Captações (Empréstimos realizados)
=CAIXA LÍQUIDO DE ATIVIDADES DE FINANCIAMENTO
RESULTADO DO CAIXA

Tabela 18 Demonstração de Fluxo de Caixa pelo método direto.

Ambos os métodos chegam ao mesmo resultado.

Abaixo temos a Demonstração do Fluxo de Caixa da AMBEV S.A. para que você veja como é este documento na realidade. Repare que esta demonstração foi feita pelo método indireto.

Conta	Descrição	01/01/2018 a 31/12/2018	01/01/2017 a 31/12/2017	01/01/2016 a 31/12/2016
6.01	Caixa Líquido Atividades Operacionais	17.911.195	17.874.062	12.344.513
6.01.01	Caixa Gerado nas Operações	20.181.183	20.677.948	19.283.093
6.01.01.01	Lucro Líquido do exercício	11.377.427	7.850.504	13.083.397
6.01.01.02	Depreciação, Amortização e Impairment	4.023.054	3.612.083	3.512.005
6.01.01.03	Perda por impairment nas contas a receber, nos estoques e nas demais contas a receber	125.610	156.297	196.548
6.01.01.04	Aumento/(redução) nas provisões e benefícios a funcionários	171.667	168.318	347.146
6.01.01.05	Resultado financeiro líquido	3.823.436	3.493.896	3.702.005

Conta	Descrição	01/01/2018 a 31/12/2018	01/01/2017 a 31/12/2017	01/01/2016 a 31/12/2016
6.01.01.06	Perda/(ganho) na venda de imobilizado e intangíveis	29.791	-49.416	-70.882
6.01.01.07	Ganho em permuta de participações societárias	0	0	-1.239.972
6.01.01.08	Despesa com pagamentos baseados em ações	160.983	209.260	170.317
6.01.01.09	Imposto de renda e contribuição social	1.789.594	5.079.298	314.973
6.01.01.10	Participação nos resultados de controladas, coligadas e empreendimentos controlados em conjunto	-1.040	3.115	4.985
6.01.01.11	Outros Itens Não-Monetários Incluídos no Lucro	-1.239.189	196.250	-737.429
6.01.01.12	Perda/(ganho) na venda de operações em associadas	0	-41.657	0
6.01.01.13	Perda/(ganho) na venda de operações em subsidiárias	-80.150	0	0
6.01.02	Variações nos Ativos e Passivos	-2.269.988	-2.803.886	-6.938.580
6.01.02.01	(Aumento)/redução no contas a receber e demais contas a receber	-149.218	-265.636	-578.436
6.01.02.02	(Aumento)/redução nos estoques	-1.167.162	-63.805	-437.052
6.01.02.03	Aumento/(redução) no contas a pagar e demais contas a pagar	869.807	-105.784	-565.125

Conta	Descrição	01/01/2018 a 31/12/2018	01/01/2017 a 31/12/2017	01/01/2016 a 31/12/2016
6.01.02.04	Juros Pagos	-621.879	-557.305	-724.873
6.01.02.05	Juros Recebidos	500.412	337.927	597.714
6.01.02.06	Dividendos Recebidos	9.334	7.284	110.976
6.01.02.07	Imposto de Renda e Contribuição Social Pagos	-1.711.282	-2.156.567	-5.341.784
6.01.03	Outros			
6.02	Caixa Líquido Atividades de Investimento	-3.675.706	-3.073.002	-5.897.908
6.02.01	Proventos da Venda de Imobilizado e Intangíveis	102.369	101.940	133.621
6.02.02	Aquisição de Imobilizado e Intangíveis	-3.570.957	-3.203.709	-4.132.671
6.02.04	Baixa de Subsidiária, Líquido Caixa Adquirido			
6.02.05	Aquisição de subsidiárias, líquido de caixa adquirido	-133.374	-333.284	-1.824.197
6.02.06	Aquisição de Imobilizado e Intangível			
6.02.08	(Aplicação financeira)/proventos líquidos de títulos de dívida	-16.113	276.927	-37.144
6.02.09	Proventos/(aquisição) de outros ativos, líquidos	-49.100	86.221	13
6.02.10	Proventos da venda de operações em subsidiárias			
6.02.11	Aquisição de outros investimentos	-8.531	-1.097	-37.530

CONTABILIDADE PARA INVESTIDORES 131

Conta	Descrição	01/01/2018 a 31/12/2018	01/01/2017 a 31/12/2017	01/01/2016 a 31/12/2016
6.03	Caixa Líquido Atividades de Financiamento	-13.221.612	-12.864.137	-11.645.142
6.03.01	Aumento de Capital	6.186	0	0
6.03.02	Aquisição de participação de não controladores	-3.060.600	0	0
6.03.04	Proventos/(recompra) de ações	7.275	-38.614	386
6.03.06	Proventos de Empréstimos	2.304.917	2.904.418	3.791.965
6.03.07	Liquidação de Empréstimos	-2.498.965	-5.441.701	-1.896.195
6.03.08	Caixa líquido de custos financeiros, exceto juros	-1.153.192	-1.459.451	-3.207.789
6.03.09	Pagamento de Passivos de Arrendamento Financeiro	-13.104	-9.035	-2.908
6.03.10	Dividendos e juros sobre o capital próprio pagos	-8.814.129	-8.819.754	-10.330.601
6.04	Variação Cambial s/ Caixa e Equivalentes	96.886	538.963	-542.236
6.05	Aumento (Redução) de Caixa e Equivalentes	1.110.763	2.475.886	-5.740.773
6.05.01	Saldo Inicial de Caixa e Equivalentes	10.352.735	7.876.849	13.617.622
6.05.02	Saldo Final de Caixa e Equivalentes	11.463.498	10.352.735	7.876.849

Tabela 19   Demonstração de Fluxo de Caixa da AMBEV S.A. para o exercício social encerrado em 31/2/2018[5].

---

5 Fonte: https://www.b3.com.br

Dúvidas Comuns

Podem ocorrer fraudes nas demonstrações?

Para evitar fraudes, as empresas contratam auditores externos que verificam os balanços antes de sua divulgação ao público e, mesmo após os balanços serem divulgados, órgãos governamentais e de autorregulação também fazem sua auditoria. É claro que sempre é possível haver fraudes, no entanto, isto é considerado crime e há penas previstas para os responsáveis.

Ondo consigo obter as demonstrações?

Você pode obter as demonstrações de resultado em três fontes:

- Site da CVM[6];
- Site da B3[7]; e
- Site de relação com investidores da empresa.

É comum que junto com os resultados as empresas disponibilizem em seus sites um relatório contendo comentários e a opinião da administração da empresa sobre os resultados, o qual, quando lido, pode agregar muito ao seu conhecimento.

O ideal é utilizar as versões da B3, pois são as oficialmente verificadas pela Bolsa. Verifique sempre a partir das demonstrações mais recentes, pois quando entregam uma nova demonstração, as empresas podem retificar dados de demonstrações anteriores.

---

6 http://sistemas.cvm.gov.br/
7 http://www.b3.com.br/pt_br/produtos-e-servicos/negociacao/renda-variavel/empresas-listadas.htm

CAPÍTULO 13

ANÁLISE DE EMPRESAS

As finanças de uma empresa são muito parecidas com a de uma pessoa. Empresas também precisam ganhar dinheiro, investir na manutenção de seus equipamentos, controlar os gastos e deixar sobrar um pouco no final do mês, caso queiram crescer.

Assim, a análise de empresas envolve uma leitura do resultado financeiro da empresa, através do Balanço Patrimonial, da DRE e do Fluxo de Caixa.

Obviamente, existem empresas em que a situação não é clara e é preciso uma análise mais profunda antes de se chegar a alguma conclusão. O importante é ter em mente que nem sempre uma análise muito detalhada dos demonstrativos financeiros vai fazer você tomar melhores decisões ou alcançar melhores resultados.

Para selecionar boas empresas, o ideal é determinar parâmetros objetivos, usando-os como filtros para separar as empresas que atendem aos seus critérios daquelas que não têm os requisitos mínimos. Sem parâmetros objetivos, fica fácil se deixar levar pela emoção do momento. Além disso, é sempre possível reavaliar seus critérios de avaliação, verificando se realmente são efetivos.

Parâmetros objetivos também facilitarão na hora de decidir se uma empresa não atende mais suas expectativas e é hora de abandonar o investimento.

O problema todo, então, se resume a dois pontos:

- Definir o que são boas empresas
- Definir critérios de investimento

Encontrando Boas Empresas

Definir o que são boas empresas envolve estabelecer critérios de seleção. Definir estes critérios é um processo lógico e racional. Por exemplo:

Se o seu objetivo é receber parte dos lucros da empresa, você deve escolher empresas que gerem lucros.

Se você espera obter valorização da ação devido ao crescimento da empresa, você deve escolher empresas que, ao longo do tempo, invistam em expansão e melhorias, e aumentem suas receitas, lucros e patrimônio líquido dos acionistas.

Se você espera que a empresa sobreviva ao longo do tempo e seja resiliente às crises, deve escolher empresas com dívidas controladas e com margens de produtividade elevadas que lhe permitam sofrer quedas na receita sem afetar as contas excessivamente.

Se você é sócio, mas não pode definir a política de administração da empresa, deve escolher empresas com cuja administração você concorde.

Assim, você pode definir que tipo de resultado vai procurar nas empresas em que deseja investir para, então, partir em busca das boas empresas.

A seguir, vamos discutir um pouco os indicadores financeiros que você pode levar em consideração.

Lucro

O acionista ganha dinheiro quando a empresa tem lucro. Se uma empresa não está dando lucro você não ganhará dinheiro investindo nela. Para saber se a empresa tem lucro observe os resultados do Demonstrativo do Resultado do Exercício (DRE).

Receitas

Através da DRE é possível visualizar quanto a empresa ganha com as suas operações e o quanto vem apenas dos investimentos financeiros que ela anda fazendo. Empresas boas procuram sempre melhorar sua performance, aumentando receitas oriundas do seu negócio e reduzindo as despesas ao máximo.

Dívidas

Uma empresa endividada normalmente tem de pagar muitos juros e acaba tendo menos lucro do que poderia. Para saber o quanto os juros influenciam no resultado da empresa, dê uma olhada no resultado financeiro da DRE.

Observe o nível de endividamento da empresa olhando o Passivo no Balanço Patrimonial.

Apenas observar o volume total da dívida pode não ser o suficiente. Empresas fazem dívidas para realizarem investimentos ou aquisições de outras empresas. Estes gastos trarão retorno considerável no futuro e a empresa considera que será mais do que o suficiente para pagar os juros e quitar a dívida.

Assim, o ideal é comparar o valor da dívida em relação a outros fatores como a receita da empresa e o patrimônio.

Observe também quanto da dívida é de curto prazo (passivo circulante) é quanto é de longo prazo (não-circulante). Excesso de dívidas no curto prazo indicam que a empresa fez dívidas para conseguir pagar fornecedores ou juros e pode estar com o endividamento fora de controle.

Caixa

O caixa representa os valores que a empresa consegue rapidamente transformar em dinheiro. Podem ser reservas em espécie ou investimentos com alta liquidez. Uma empresa com bastante caixa não tem dificuldades para fazer pagamentos no curto prazo e tem dinheiro para pagar fornecedores ou fazer investimentos.

Patrimônio Líquido

Patrimônio líquido é representado pelo ativo menos o passivo, ou seja, tudo que a empresa possui menos o que ela deve. Assim, o patrimônio líquido representa a parte da empresa que pertence aos acionistas. Patrimônio líquido pequeno ou negativo indica que a empresa deve mais do que possui. Se você quer ganhar com a valorização da empresa, o ideal é investir nas que possuem patrimônio líquido crescente com o tempo.

Fluxo de Caixa

O fluxo de caixa conta a história do dinheiro que passa pela empresa. Empresas boas conseguem gerar bastante dinheiro com suas atividades, o suficiente para realizarem a manutenção das suas instalações e novos investimentos e ainda sobrar dinheiro.

Eventos Não Recorrentes

É preciso estar atento a possíveis eventos que possam influenciar de maneira desproporcional os resultados da empresa e que não ocorrem constantemente. Por exemplo, a venda de grandes imóveis pode impactar positivamente os resultados, mas não ocorrem sempre. Do lado negativo, acidentes ou decisões judiciais podem prejudicar os resultados e causar uma má impressão, porém são acontecimentos incomuns para a empresa.

Eventos assim são chamados de não recorrentes. O ideal é tomar conhecimento deles e, quando for analisar a empresa, desconsiderar a influência deste tipo de evento nos resultados, tendo, assim, uma visão mais realista do que a empresa produziu com suas atividades.

Eventos sem Efeito Caixa

Outro tipo de evento que deve ser observado com cautela são os eventos sem efeito caixa. Na contabilidade há diversas coisas que são contabilizadas como lucro ou prejuízo pela empresa, mas que não representam uma transação em dinheiro. Por exemplo:

- **Depreciação**: Quando uma empresa compra um veículo ou um maquinário, o valor total pago pelo bem não é lançado imediatamente nos balanços. Considera-se que estes bens vão perdendo valor com o tempo. Como calcular esta perda? As regras são definidas pela Receita Federal e variam dependendo do bem: veículos têm prazo de 5 anos enquanto para as máquinas é de 10 anos. Dessa forma, um veículo de R$ 10.000,00 será depreciado R$ 2.000,00 por ano durante cinco anos. Esses R$ 2.000,00 são lançados como custos (despesas) no Balanço Patrimonial.
- **Amortização**: A amortização é semelhante à depreciação, porém é aplicada a bens imateriais, como softwares de computador.

Portanto, uma empresa com muita depreciação terá seu resultado afetado na DRE, porém estas despesas foram apenas contábeis, não ocorrem em dinheiro, assim, não tiveram efeito caixa.

Atenção aos minoritários

É preciso analisar se a empresa deseja realmente ter acionistas minoritários. Isto pode ser notado observando-se a empresa oferece ações ordinárias, se possui um *tag along* de 100% e um *free float* alto e como ela remunera seus diretores e sócios majoritários. Algumas empresas possuem altas receitas, porém pagam altos salários a seus diretores, que muitas vezes também são sócios, diminuindo o lucro final.

Relação com Investidores

Questões de administração da empresa são chamadas de Governança Corporativa. Um dos aspectos da governança é como a empresa se relaciona com seus investidores. Observe se ela apresenta resultados detalhados, se há esforço da empresa em ser transparente, promovendo palestras e apresentações que permitam o contato com os administradores.

Todas as empresas negociadas na Bolsa devem ter um profissional chamado de Relação com Investidores (RI), que faz esta ponte entre investidores e a empresa. Procure se informar se ele realmente é atuante e se, quando necessário, responde às dúvidas e questionamentos com clareza e agilidade.

Performance

Não basta analisar um único ano para se chegar a uma boa conclusão sobre a situação da empresa. O ideal é pegar o histórico dos últimos cinco ou mais anos e observar como foi o comportamento da receita, do lucro, do patrimônio e da dívida. Empresas boas tendem a ver suas receitas e seus lucros aumentarem ao longo do tempo, à medida que melhoram seus processos e conseguem crescer. O patrimônio líquido crescente indica que o patrimônio dos acionistas está valorizando. Já dívidas decrescentes ou estáveis mostram que a empresa mantém sua dívida sobre controle.

Outra boa técnica é comparar a empresa com outras da mesma área de atuação ou negócio, para se ter uma ideia se o desempenho da sua empresa está acima, abaixo ou na média das empresas do mesmo setor.

Liquidez

De nada adianta a empresa cumprir todos os critérios e não ter uma liquidez suficiente para que você possa negociar ações dela.

Definindo Critérios

Até aqui discutimos alguns aspectos a serem observados quando for selecionar uma empresa para investir.

É importante que você também tenha critérios para decidir se, para cada aspecto analisado, a empresa atende às suas expectativas.

É comum que os investidores utilizem para isso análises matemáticas dos números da empresa, através de índices numéricos, chamados de **múltiplos** ou **indicadores fundamentalistas**.

Comece analisando o histórico de resultado da empresa para ver se:

- A empresa tem lucro.
- A empresa melhora com o passar do tempo.
- A empresa apresenta resultados consistentes ao longo do tempo, ao invés de uma montanha russa de lucros e prejuízos aleatórios.

Em seguida, utilize os indicadores para analisar se a performance da empresa é razoável. Abaixo estão alguns dos que você pode utilizar:

- **Margem Líquida**: a margem é a divisão do lucro da empresa pela receita. Indica quanto do dinheiro arrecadado pela empresa se transforma em lucro. Margens baixas podem indicar uma empresa ineficiente. Por outro lado, há certas áreas do mercado, como a área de varejo, em que margens baixas são a norma.

Margem = Lucro Líquido / Receita Líquida

- **ROE**: significa Return on Equity (Retorno sobre o patrimônio); é o resultado da divisão entre o Lucro Líquido e o Patrimônio Líquido. O ROE é uma forma de medir quanto os acionistas estão recebendo em troca do seu investimento na empresa.

ROE = Lucro / Patrimônio Líquido

- **Dívida Líquida**: é a dívida total menos o caixa. Às vezes a empresa tem dinheiro em caixa suficiente para pagar suas dívidas, mas opta por não o fazer. Assim, uma dívida líquida pequena indica uma empresa que tem controle sobre as dívidas.

Dívida Líquida = Dívida Total - Caixa

- **Dívida bruta/Patrimônio Líquido**: relaciona a dívida com o patrimônio da empresa. Em último caso, a empresa sempre pode vender seus bens para pagar dívidas. No entanto, se a dívida estiver muito alta em relação ao patrimônio, nem mesmo este tipo de alternativa estará disponível. O ideal é que este indicador esteja abaixo de 1.

- **Índice de cobertura**: é dado pela divisão entre o EBIT e a despesa da empresa com juros. O EBIT é a linha da DRE que indica quanto a empresa ganha de dinheiro com suas atividades fins. Dividindo-se o EBIT pelo gasto com juros, você pode ver a capacidade da empresa de pagar os juros com o fruto das suas atividades. Neste índice, quanto maior o número, melhor.

Índice de cobertura = EBIT / Juros Pagos

Estes são apenas alguns dos inúmeros indicadores fundamentalistas. Seja qual for o indicador que você for utilizar, procure entender seu funcionamento e o que realmente ele pode lhe dizer sobre a empresa. Determine um valor que considera adequado e utilize-o como filtro de entrada e como parâmetro de saída para seus investimentos.

Resultados Passados e Futuros

É sempre bom lembrar que:

Bons resultados passados não garantem bons resultados futuros.

Mesmo a empresa tendo um longo histórico de bons resultados financeiros, sempre há a chance de que ela venha a piorar ou algo inesperado aconteça, prejudicando sua performance.

Assim, por mais meticulosa que seja a sua análise e por mais consistente que seja o histórico de resultados das suas empresas, lembre-se de gerenciar o seu risco adequadamente.

Exemplos Práticos

> **ATENÇÃO**
>
> Os exemplos mostrados abaixo são apenas de caráter informativo e não são recomendações de investimento e nem devem ser interpretados como análise profissional ou indicação de investimento nas empresas. As empresas foram selecionadas de forma a ilustrar o raciocínio apresentado e facilitar o entendimento por parte do leitor. Antes de investir, faça suas próprias análises e lembre-se que resultados passados não são garantia de resultados futuros.

Na Tabela 4 do capítulo 03 temos o resultado do investimento de R$1.000,00 durante 10 anos em algumas ações de empresas brasileiras. Para fins de ilustração do que foi falado até aqui, vamos dar uma olhada nos resultados financeiros dessas empresas ao longo desse período[1].

Lucro

Na Tabela 20 consta os lucros líquidos anuais das empresas estudadas no capítulo 03, sendo que os resultados negativos estão em destaque. As empresas estão listadas em ordem decrescente em relação ao rendimento obtido com suas ações no período de 2009 a 2018.

Observe que as empresas que tiveram prejuízo em algum ano foram as que tiveram o pior rendimento total no período analisado.

---

[1] Fontes: Balanços das empresas disponíveis no site da B3.

ANÁLISE DE EMPRESAS 143

AÇÃO	2009	2010	2011	2012	2013	2014	2015	2016	2017	2018	REND
ODPV3	83	219	146	146	188	195	221	216	503	285	2042%
GRND3	272	312	305	430	434	485	539	634	661	586	1814%
RADL3	75	89	68	105	101	211	340	451	513	509	1114%
ABEV3	5.986	7.619	8.719	10.643	11.399	12.362	12.879	13.083	7.851	11.377	1023%
EZTC3	162	243	331	339	589	474	444	232	361	83	987%
EGIE3	1.090	1.211	1.446	1.491	1.437	1.383	1.501	1.548	2.005	2.315	496%
MULT3	163	228	308	389	285	368	362	312	369	471	470%
BBDC3	8.300	10.052	11.089	11.351	12.486	15.089	17.190	15.084	14.658	19.085	357%
ITUB3	10.066	13.322	14.620	13.191	16.522	21.861	26.156	22.016	23.225	25.639	329%
BBAS3	10.147	11.330	12.702	11.405	11.288	13.343	14.108	7.930	10.881	12.649	329%
CCRO3	718	677	910	1.192	1.368	1.350	787	1.637	1.783	1.382	277%
CIEL3	1.533	1.830	1.810	2.332	2.681	3.229	3.651	4.183	4.265	3.559	243%
EMBR3	912	573	156	699	786	827	282	592	902	-644	165%
NATU3	683	744	830	874	848	741	523	308	670	548	148%
VALE3	10.244	30.070	37.814	9.391	-258	220	-45.997	13.296	17.670	13.502	115%
PETR3	30.051	35.189	33.313	20.959	23.007	-21.924	-35.171	-13.045	377	26.698	-14%

Tabela 20 Histórico do Lucro Líquido de algumas empresas brasileiras, em milhões de reais, no período de 2009 a 2018.

Note, também, que as empresas mais abaixo na tabela apresentam resultados menos consistentes ao longo do tempo, às vezes aumentando em relação ao ano anterior, às vezes piorando. É interessante notar como os lucros podem piorar em alguns anos e voltar a crescer em anos posteriores (Por exemplo: ABEV3 em 2017 e CCRO3 em 2015), mostrando por que não se deve tomar decisões precipitadas.

Muitas pessoas têm certo ceticismo quando se confrontam com o ditado de que **o preço das ações segue o resultado das empresas no longo prazo**. Nos gráficos a seguir, comparamos a cotação das empresas em relação ao seu lucro.

Na Figura 10, temos o gráfico com a média móvel de 6 meses da cotação[2] de ODPV3 e os lucros anuais da empresa. No período de 10 anos, a empresa apresentou lucros consistentes ao longo do tempo com um crescimento significativo em 2016 e 2017, seguido

---

2 A média móvel foi utilizada para suavizar o movimento da cotação ao longo do tempo.

de uma queda em 2018. Repare como há uma certa semelhança no desenho das linhas. É bom lembrar, também, que a cotação não reflete os resultados passados da empresa, mas sim os futuros; assim, é comum que a cotação antecipe os movimentos dos resultados das empresas.

A última cotação disponível é do ano de 2019 e apresenta uma subida em relação ao final do ano de 2018. Já o último lucro líquido anual disponível é o do ano de 2018, assim não é possível dizer se a subida da cotação antecipou corretamente uma melhora no resultado da empresa.

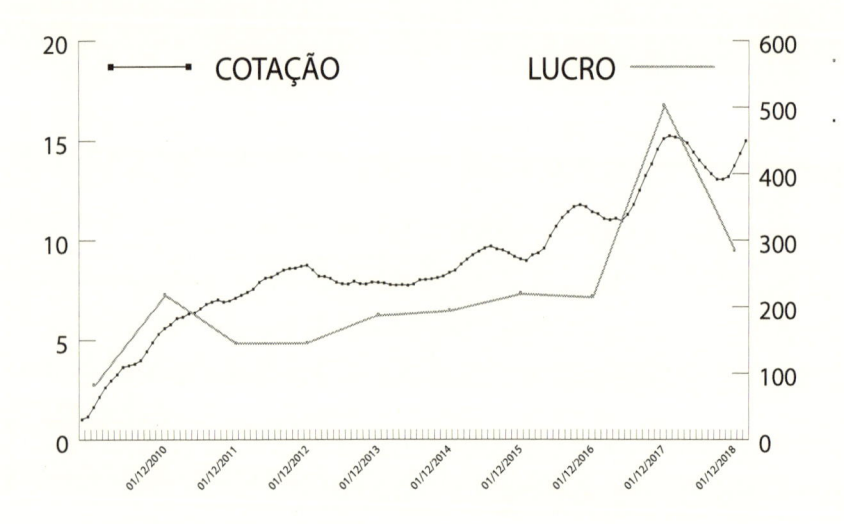

Figura 10   Média móvel de 6 meses das cotações mensais de ODPV3 e o histórico de lucro líquido anual no período de 06/2009 a 01/2019.

Outro fato curioso é o aumento discrepante no lucro do ano de 2017. Lendo o relatório de resultado da empresa[3] é possível ver que ela teve um ganho na justiça de cerca de 250 milhões, beneficiando o lucro anual. Esse é um exemplo de evento não recorrente que deve ser levado em consideração quando analisar uma empresa. Há também um outro lucro não recorrente ocorrido em

---

3   Disponível em http://ri.odontoprev.com.br/

2010, devido à incorporação de outra empresa pela OdontoPrev S.A. (ODPV3), que é mais difícil de ser visualizado.

A Figura 11 mostra o mesmo gráfico de cotação e lucro da ODPV3, porém desconsiderando os eventos não recorrentes. Neste gráfico pode-se observar melhor a tendência dos preços e da cotação.

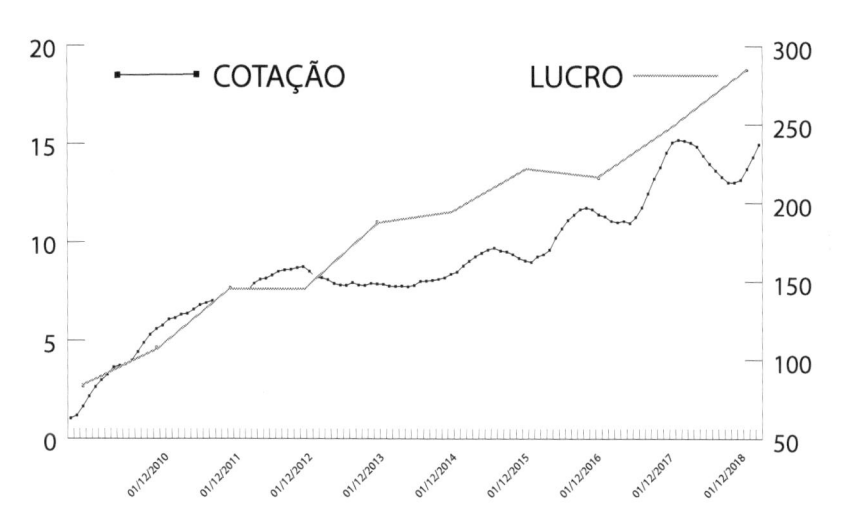

Figura 11 Média móvel de 6 meses das cotações mensais de ODPV3 e o histórico de lucro líquido anual sem os eventos não recorrentes, no período de 06/2009 a 01/2019.

Observe agora, na Figura 12, o gráfico do lucro e da cotação para a ação da Petrobras S.A. (PETR3), empresa que apresentou variação considerável dos seus resultados no período e acabou tendo um retorno negativo.

A Petrobras foi uma empresa que passou por diversos eventos extraordinários nesse período. Além de ter feito um grande investimento em novos equipamentos que não tiveram tempo de se consolidar, sofreu forte crise devido a escândalos de corrupção e acabou tendo prejuízos contábeis.

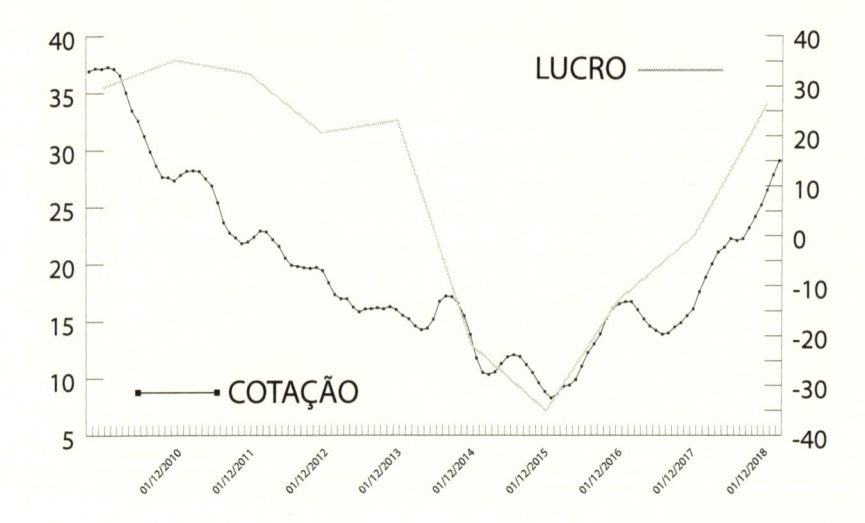

Figura 12 Média móvel de 6 meses das cotações mensais de PETR3 e o histórico de lucro líquido anual no período de 06/2009 a 01/2019.

Se olharmos o gráfico de lucro e cotação da Petrobras sem considerarmos os eventos não recorrentes, teremos as curvas da Figura 13.

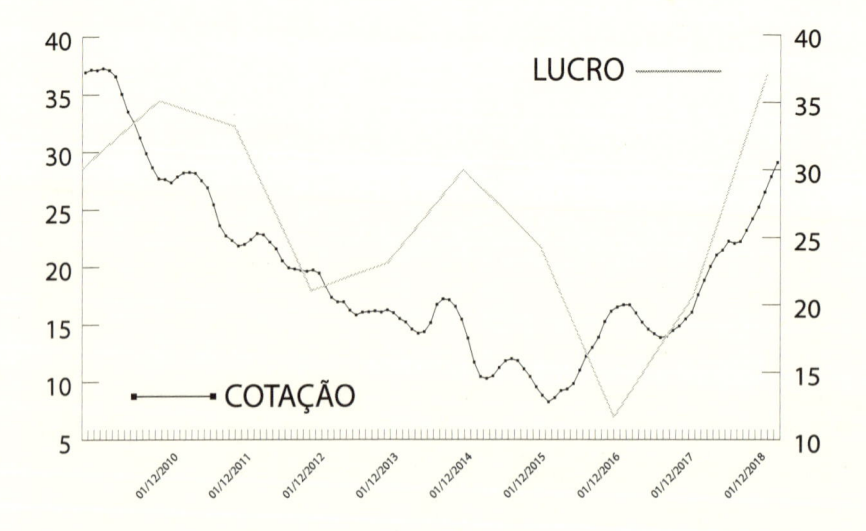

Figura 13 Média móvel de 6 meses das cotações mensais de PETR3 e o histórico de lucro líquido anual sem os eventos não recorrentes, no período de 06/2009 a 01/2019.

Podemos ver que, caso não tivessem ocorrido os eventos extraordinários, a empresa não teria tido prejuízo. O que demonstra que as operações da empresa estavam sobre controle, mas a má administração trouxe sérios problemas financeiros.

Se você fosse um investidor da empresa, sabendo desses eventos extraordinários, você poderia fazer uma análise mais racional entre manter o investimento ou abandonar a empresa. Por isso, não se pode analisar somente um parâmetro do balanço para tomar uma decisão, mas sim o conjunto de parâmetros. Obviamente, isto exigiria certo esforço e dedicação para entender o que estava acontecendo e, ao final, o retorno do investimento ainda seria ruim quando comparado às outras empresas.

Este é um bom exemplo para mostrar que, às vezes, é mais produtivo abandonar empresas que não estão mais cumprindo seus critérios de investimento e investir o dinheiro em empresas melhores. Enquanto PETR3 brigava com seus resultados e a cotação oscilava, as outras empresas, com resultados mais estáveis, trouxeram melhor rendimento ao seu acionista.

Margem Líquida

Só olhar os valores totais dos lucros também não mostra se a empresa realmente consegue tirar dinheiro das suas operações. Por exemplo, Petrobras teve um lucro anual de quase 27 bilhões em 2018, enquanto OdontoPrev teve um lucro de 285 milhões.

Qual dessas empresas é mais eficiente?

Uma forma de analisar esta questão é utilizando o indicador chamado de Margem Líquida:

Margem Líquida = Lucro Líquido/Receita Líquida

A Receita Líquida é registrada na DRE como Receita de Venda de Bens e/ou Serviços.

A Margem Líquida mostra quanto da receita, que é o dinheiro total arrecadado pela empresa com suas operações, é transformado em lucro. Assim, empresas com maiores margens tendem a ser empresas mais eficientes.

No entanto, fique atento, há empresas que trabalham em setores onde margem baixa é o padrão. Nestes casos, compare com outras empresas do mesmo setor para verificar se a margem baixa não é o padrão.

AÇÃO	2009	2010	2011	2012	2013	2014	2015	2016	2017	2018	REND
ODPV3	21,7%	31,4%	17,5%	15,3%	17,6%	16,9%	17,7%	15,8%	35,0%	17,9%	2042%
RADL3	4,4%	4,4%	2,5%	2,0%	1,6%	2,9%	3,8%	4,0%	3,9%	3,4%	1114%
PETR3	16,4%	16,6%	13,6%	7,4%	7,5%	-6,5%	-10,9%	-4,6%	0,1%	7,6%	-14%

Tabela 21   Margem Líquida e rendimento da ação no período de 2009 a 2018.

Observe na Tabela 21 como Raia Drogasil (RADL3) tem uma margem baixa quando comparada a OdontoPrev (ODPV3) e Petrobras (PETR3), porém, mesmo assim, teve um bom retorno no período. Observe também como PETR3 tem um lucro grande, porém uma margem que girou entre 7 e 15 porcento (se desconsiderarmos os prejuízos) no período analisado. Isso significa que, apesar de nominalmente grande, o lucro representa apenas uma pequena fração da receita, que, em 2018 por exemplo, foi de 349 bilhões de reais.

Se margens nesta faixa não forem o padrão do setor da empresa, será preciso consultar a DRE para encontrar que tipo de despesa está afetando excessivamente o lucro. Questões como pagamento de juros, resultados financeiros negativos ou custos operacionais muito elevados podem ser um dos fatores consumindo as receitas da empresa.

O mesmo caso ocorre quando a empresa sofre uma queda nas suas margens em relação à média que vinha apresentando. Será preciso verificar o que afetou o lucro negativamente para então concluir se foi algo esporádico ou se a empresa realmente piorou.

A margem é como um colchão de segurança para a empresa. Empresas com margem alta têm mais resistência às crises, pois podem perder receita e ainda manter o lucro.

ROE

O ROE (*Return on Equity*) é uma forma de medir quanto a empresa remunera o dinheiro dos seus investidores.

ROE = Lucro Líquido / Patrimônio Líquido

Este é um indicador que quanto maior for, indica mais retorno. No entanto, há empresas que possuem patrimônio reduzido e acabam distorcendo o ROE para cima. Assim como no caso dos outros indicadores, é preciso comparar a empresa com outras do mesmo setor para se ter certeza do que os números indicam.

Na Tabela 22 podemos ver que OdontoPrev (ODPV3) manteve seu ROE estável ao longo do tempo em torno dos 30%. Já a Natura (NATU3) teve uma queda acentuada no ROE a partir de 2015. Para que isso ocorra, ou o Patrimônio Líquido aumentou demasiadamente em relação ao lucro, ou houve uma queda no lucro.

AÇÃO	2009	2010	2011	2012	2013	2014	2015	2016	2017	2018	REND
ODPV3	10%	30%	19%	21%	27%	30%	34%	31%	54%	28%	2042%
NATU3	60%	59%	66%	68%	73%	64%	49%	31%	41%	21%	148%

Tabela 22 ROE e rendimento da ação no período de 2009 a 2018.

Observe as Tabela 23 com o histórico do lucro líquido e a Tabela 24 com o histórico do patrimônio líquido da Natura. Perceba como houve uma redução do lucro a partir do ano de 2014 e como o Patrimônio Líquido aumentou significativamente depois de 2016. Lendo os relatórios da administração[4] podemos ver que a Natura juntou dinheiro e se endividou para fazer aquisições de outras empresas e promover expansões. Isto afetou o Patrimônio Líquido, reduzindo o ROE.

AÇÃO	2009	2010	2011	2012	2013	2014	2015	2016	2017	2018
NATU3	683	744	830	874	848	741	523	308	670	548

Tabela 23   Lucro Líquido da Natura S.A. no período de 2009 a 2018.

AÇÃO	2009	2010	2011	2012	2013	2014	2015	2016	2017	2018
NATU3	1.139	1.257	1.250	1.287	1.168	1.149	1.078	996	1.635	2.574

Tabela 24   Patrimônio Líquido da Natura S.A. no período de 2009 a 2018.

Para saber o efeito do endividamento no lucro, precisamos olhar a dívida mais de perto.

Dívida

Assim como nos outros dados dos resultados financeiros, olhar apenas os números absolutos pode não ser suficiente. No caso da dívida, por exemplo, a empresa apode ter uma dívida de valor considerável, porém para saber se ela prejudica os resultados é preciso compará-la com alguma referência e analisar se o pagamento de juros está prejudicando o lucro.

Uma boa forma de começar é analisar a dívida líquida, que é a dívida total menos o dinheiro que a empresa tem em caixa. Se a empresa tem dinheiro para pagar a dívida – o que é indicado por uma dívida líquida baixa – mas não o faz, possivelmente há um lado positivo em manter a dívida.

---

4   https://natu.infoinvest.com.br/

A Tabela 25 mostra a evolução da dívida bruta, do caixa e da dívida líquida da Ambev no período de 2009 a 2018.

ABEV3	2009	2010	2011	2012	2013	2014	2015	2016	2017	2018
Dív Bruta	9.807	6.770	4.102	3.144	2.894	2.622	3.598	5.396	2.553	2.423
Caixa	4.043	6.979	8.720	9.403	11.574	10.434	13.835	8.159	10.367	11.476
Div Líquida	5.764	-209	-4.168	-6.259	-8.680	-7.812	-10.237	-2.763	-7.814	-9.053

Tabela 25 Dívida Bruta, Caixa e Dívida Líquida da Ambev S.A. no período de 2009 a 2018.

A Ambev tem tanto dinheiro em caixa que paga suas dívidas e ainda sobra, resultando em uma dívida líquida negativa. Ou seja, mesmo fechando o ano de 2018 com quase 2 bilhões em dívidas, ela tem cerca de 11 bilhões em caixa, tornando a dívida insignificante. Observe, também, como a empresa reduziu seu endividamento ao longo do tempo.

Agora, observe a Tabela 26, que tem as informações da Natura.

NATU3	2009	2010	2011	2012	2013	2014	2015	2016	2017	2018
Dív Bruta	704	691	1.185	2.324	2.893	3.980	5.535	4.390	9.332	8.441
Caixa	500	559	515	1.642	1.309	1.696	2.783	2.299	3.670	2.430
Div Líquida	204	132	670	682	1.584	2.284	2.752	2.091	5.662	6.011

Tabela 26 Dívida Bruta, Caixa e Dívida Líquida da Natura S.A. no período de 2009 a 2018.

Conforme já tínhamos comentado, esta empresa se endividou para fazer aquisições e expansões. O aumento da dívida foi considerável a partir do ano de 2016. Novamente, lendo os relatórios da administração da empresa, eles informam qual parâmetro estão usando para controlar a dívida e quando esperam que ela volte aos patamares anteriores.

Cabe a você investidor analisar essas informações e considerar se concorda com o que a administração está fazendo e mantém seu investimento, ou se acha que a empresa piorou e resolverá vender suas ações.

Optando por ficar, é importante acompanhar se as expectativas de melhoras no resultado estão realmente surgindo e se o investimento da empresa em se expandir fez sentido. Isto poderá ser visto através do aumento das receitas, do lucro, da margem e do fluxo de caixa oriundo das atividades operacionais, ao mesmo tempo em que a dívida diminui e a empresa volta aos seus patamares anteriores de endividamento.

Assim como pessoas endividadas, empresas podem se ver prejudicadas com o pagamento de juros da dívida. Pagamento de juros são valores que serão descontados das receitas e prejudicarão o resultado. Em empresas com margem líquida muito baixa, isso pode ser muito prejudicial. Por isso, também é interessante conferir o impacto que a dívida trouxe às margens da empresa.

Fluxo de Caixa

Por fim, apenas lucros contábeis e indicadores positivos não significam que a empresa está fazendo dinheiro. O regime de competência utilizado no Balanço Patrimonial e na DRE podem distorcer um pouco a realidade do fluxo de dinheiro na empresa. Por isso, é importante também dar uma olhada na demonstração de fluxo de caixa.

Fluxo de Caixa Livre

O jeito mais fácil de analisar se a empresa está gerando dinheiro com suas atividades é analisar o Fluxo de Caixa Livre (FCL), que é o resultado da soma do Fluxo de Caixa Operacional (FCO) – dinheiro recebido das atividades da empresa – e o Fluxo de Caixa de Investimentos (FCI) – dinheiro gasto com investimentos e recebido com resgate de aplicações.

O Fluxo de Caixa Livre, basicamente, demonstra se a empresa gera dinheiro suficiente para pagar os investimentos para manutenção das suas atividades, e se ainda sobra um pouco para os donos. Por isso, ele desconsidera o fluxo de caixa oriundo de financiamentos.

FCL positivo indica que a empresa gera dinheiro suficiente para se manter funcionando e ainda sobrar algum dinheiro. FCL negativo indica que a empresa não está gerando dinheiro suficiente para pagar seus investimentos, o que pode acabar em necessidade de endividamento.

CAPEX

O Fluxo de Caixa de Investimentos (FCI) pode ser influenciado por entrada de dinheiro oriunda de aplicações financeiras. Para evitar que esses casos influenciem positivamente o FCL, muitos investidores gostam de utilizar um indicador chamado CAPEX (*Capital Expenditure*, ou Investimento em Bens de Capital) para calcular o FCL.

O CAPEX considera apenas os investimentos em ativos da empresa e desconsidera os resultados das aplicações financeiras, dando uma visão mais precisa do FCL. Para descobrir o CAPEX é preciso verificar na Demonstração do Fluxo de Caixa os itens Aquisição/Adição de Imobilizado e Intangível.

Assim, o FCL CAPEX, seria o resultado do Fluxo de Caixa Operacional (FCO) menos o CAPEX.

Fluxo de Caixa Financeiro

O Fluxo de Caixa Financeiro (FCF) indica quanto a empresa gastou com empréstimos e pagamentos de dividendos aos acionistas.

Para analisar a influência destes dois itens é preciso checar a Demonstração do Fluxo de Caixa.

FCF negativo indica saída de dinheiro para pagamento de dívidas ou dividendos; positivo indica que a empresa pegou dinheiro emprestado.

Vejamos dois exemplos.

A CCR S.A. foi um consórcio formado por algumas empresas para adquirir a concessão da administração de rodovias realizada pelo governo. Este modelo de negócio garante à empresa o recebimento de receitas, através da cobrança de tarifas dos usuários das estradas. No entanto, o contrato de concessão deixa preestabelecido grande parte dos fatores que, para uma empresa normal, seriam incógnitas, como o fluxo de receitas e limite de gastos. Isto permite a esta empresa planejar investimentos e endividamento de forma mais segura. Assim, esta empresa utiliza-se de empréstimos para financiar os altos investimentos que são necessários fazer nas concessões, porém, mantém um grande fluxo de caixa devido as elevadas receitas que consegue.

Na Tabela 27, observe a linha do Fluxo de Caixa de Investimentos, valores negativos indicam dinheiro saindo. Praticamente todos os anos a empresa investiu altos valores em dinheiro, no entanto o Fluxo de Caixa Operacional (FCO) sempre foi alto o suficiente para fazer sobrar dinheiro, gerando um FCL positivo na maioria dos anos.

CCRO3	2009	2010	2011	2012	2013	2014	2015	2016	2017	2018
FCO	404	1.357	1.890	2.427	2.465	2.188	2.350	4.186	3.340	3.686
FCI	-931	-2.237	-659	-1.159	-816	1.705	-2.477	-2.784	-4.136	-2.296
FCF	1.611	-62	-1.647	-1.159	-981	-156	817	-857	784	-2.965
FCL	-527	-880	1.231	1.268	1.649	483	-127	1.402	-796	1.390
CAPEX	-861	-923	-658	-646	-1.007	-1.759	-1.316	-2.677	-1.976	-2.287

Tabela 27 Informações de fluxo de caixa da CCR S.A. no período de 2009 a 2018.

Já a OdontoPrev S.A. é uma empresa de planos de saúde odontológica. Esta empresa não precisa de grandes investimentos em bens imóveis ou maquinário – chamados de ativos imobilizados – bastando manter uma infraestrutura de informática adequada para administrar o fluxo de dinheiro.

Normalmente, empresas de planos de saúde ganham dinheiro porque o somatório das mensalidades pagas pelos clientes é maior do que o valor repassado aos médicos ou dentistas. Empresas assim ficam com muito dinheiro disponível, o que permite fazer aplicações financeiras e ganhar com juros enquanto o dinheiro não é utilizado.

Na Tabela 28 podemos ver como o Fluxo de Caixa de Investimentos (FCI) é sempre negativo e pequeno, indicando que a empresa investe pouco. Se subtrairmos o CAPEX, o investimento realizado nos ativos necessárias para se manter o funcionamento da empresa, do FCI, ficamos com o valor que a empresa aplicou em outro tipo de investimento, como ativos financeiros.

Valores negativos indicam dinheiro saindo do caixa da empresa. Como o FCI foi quase sempre negativo e o CAPEX sempre foi menor que o FCI, isto indica que, praticamente todos os anos, a empresa fez investimentos financeiros com o dinheiro que tinha em excesso.

ODPV3	2009	2010	2011	2012	2013	2014	2015	2016	2017	2018
FCO	-266	548	125	144	217	280	237	196	289	324
FCI	297	-11	-11	-7	-19	-22	-17	-27	-16	-202
FCF	-29	-529	-117	-140	-192	-256	-216	-163	-278	119
FCL	31	537	114	137	198	258	220	169	273	122
CAPEX	-1	-6	-5	-4	-2	-11	-14	-14	-14	-22

Tabela 28   Informações de fluxo de caixa da OdontoPrev S.A. no período de 2009 a 2018.

Observe também como o Fluxo de Caixa Financeiro foi quase sempre negativo. Como a empresa não tem dívidas a serem pagas, estes valores refletem a saída de dinheiro para pagamento de dividendos ou recompra de ações.

Conclusão

Como você pôde ver, a análise dos demonstrativos financeiros nos mostra que empresas com bons resultados tendem a gerar bons retornos aos seus acionistas. Aquelas que apresentam algum percalço no caminho, acabam sendo prejudicadas na cotação da sua ação.

Não há segredo nestas análises. Empresas boas sempre vão apresentar bons números e basta uma rápida olhada nos seus resultados para ver que tudo está bem. Empresas que têm piora nos seus resultados serão as mais trabalhosas para se analisar pois será preciso encontrar o verdadeiro motivo por trás dos resultados para, então, decidir qual decisão tomar.

Por fim, é possível agilizar muito suas análises através de sites que condensam as informações financeiras em tabelas e históricos de resultados. Alguns deles são grátis e outros pagos[5].

---

5 Alguns exemplos: Fundamentus, Bastter, Investing, Yahoo Finance, Oceans14 e Sétimo Dígito.

CAPÍTULO 14

INVESTIDOR OU ESPECULADOR

Há duas abordagens para se utilizar o mercado de ações, a de investidor e a de especulador.

O **investidor** deseja se tornar sócio da empresa para usufruir da sua parte no lucro e na valorização das ações oriunda do crescimento da empresa. Ele está focado em analisar o funcionamento da empresa e os seus fundamentos econômicos. O investidor usa sua análise, então, para saber se a empresa se adequa aos seus critérios de investimento e então compra as ações.

O **especulador** deseja ganhar dinheiro com a variação de preços das ações. O especulador não está interessado nos fundamentos, apenas na variação do preço. Ele tem uma estratégia bem definida sobre qual preço de compra e de venda deseja executar suas ordens e o limite de prejuízo que pode vir a ter.

> O investidor que mistura as duas atividades, termina perdendo dinheiro.

Para entender melhor a diferença vamos considerar quem compra um imóvel.

A pessoa que investe em um imóvel normalmente analisa a localização, o padrão de qualidade da construção, possíveis melhorias no bairro do imóvel e outros fatores que ele considera como influentes na potencial valorização do imóvel. Ele não está com pressa em revender, muitas vezes o investimento é feito para morar no imóvel ou obter renda através do aluguel do mesmo.

Já o especulador está apenas interessado em revender o imóvel com lucro o mais rápido possível. Tanto faz o local, a qualidade ou o potencial de valorização, o especulador identifica um imóvel que está abaixo do preço de mercado, compra e revende com lucro.

A diferença entre imóveis e ações é que nas ações é possível saber o preço de mercado segundo a segundo. Isto faz com que as pessoas fiquem acompanhando o preço das suas ações, vejam as variações negativas, assistam às notícias pessimistas do jornal e vendam suas ações com prejuízo justamente porque não sabem direito o que estão fazendo.

Existe motivo para a variação do preço das ações?

É normal o jornal da noite anunciar que a Bolsa caiu 1,5% porque investidores estão temerosos com acontecimentos do outro lado do mundo. A verdade é que não existe motivo para variações no preço das ações. Elas variam por qualquer motivo. Há milhares de pessoas negociando ações na Bolsa, cada um com sua estratégia e cada um com suas opiniões pessoais. Acontecimentos na China podem ser positivos para alguns enquanto são negativos para outros.

Se você acompanhar o resultado da Bolsa durante alguns pregões, verá que variações de 1%, 2%, 5% são corriqueiras e a queda de 5% hoje acontece só para que amanhã as cotações subam 5% novamente (Tabela 29).

As vezes até mesmo quedas persistentes de vários dias não tem qualquer razão sólida para ocorrer e na verdade oferecem ao investidor a chance de comprar mais ações por um preço menor. É por isso que, como você verá no capítulo 15, o investidor precisa ter confiança nas suas decisões e saber diferenciar variações de preço aleatórias do mercado daquelas que realmente tem um motivo sólido por trás.

Data	Variação diária
12/03/2019	-0,20%
11/03/2019	2,79%
08/03/2019	1,09%
07/03/2019	0,13%
06/03/2019	-0,41%
01/03/2019	-1,03%
28/02/2019	-1,77%
27/02/2019	-0,30%
26/02/2019	0,37%
25/02/2019	-0,66%
22/02/2019	0,98%
21/02/2019	0,40%
20/02/2019	-1,14%
19/02/2019	1,19%
18/02/2019	-1,04%
15/02/2019	-0,50%
14/02/2019	2,27%
13/02/2019	-0,34%
12/02/2019	1,86%
11/02/2019	-0,98%

Tabela 29 Variações diárias do IBOVESPA[1] no período de um mês.

Os investidores que misturam as atividades de investimento e especulação baseiam-se no seguinte raciocínio:

---

1 Fonte: http://cotacoes.economia.uol.com.br/bolsas/cotacoes-historicas.html?indice=.BVSP

Eu posso ser um investidor, escolher uma empresa com fundamentos e, então, aguardar um momento em que a ação esteja barata para eu comprá-la.

> **Os grandes investidores**
>
> A maioria dos investidores famosos, desses que escrevem os livros mais vendidos sobre finanças, operam com quantidades consideráveis de dinheiro, o suficiente para comprar empresas inteiras de uma só vez. Quando você compra empresas inteiras, começa a valer a pena levar em consideração em quanto tempo o investimento lhe dará retorno. Para isso, eles aplicam uma técnica de análise chamada de *valuation*, que consiste em tentar calcular o valor da empresa baseado nas suas expectativas de ganho no futuro. A partir daí, buscam pagar um preço menor ou igual ao preço calculado, chamado de **preço justo**.

Estes investidores, então, defendem que os melhores ganhos estão em empresas que estão sendo negociadas a um preço abaixo do seu preço justo.

O pequeno investidor, muitas vezes, supõe que pode aplicar a mesma estratégia dos gigantes e ganhar mais comprando ações "baratas". Há diversos problemas com essa ideia.

A maioria desses investidores atua no mercado americano, onde existem milhares de empresas sendo negociadas na Bolsa. No Brasil existem algumas centenas apenas. Portanto, é mais provável que no mercado americano uma ou outra empresa acabe sendo subvalorizada pelo mercado. No Brasil, por outro lado, uma pessoa sozinha munida de um computador consegue, em um dia, avaliar todas as empresas da Bolsa. Considerando a quantidade imensa de profissionais que passam o dia dedicados a esta atividade, a chance de que essa pepita de ouro da Bolsa passe despercebida pelos profissionais e seja encontrado pelo pequeno investidor iniciante é mínima.

Os mais teimosos insistem, então, que é mais lucrativo comprar as ações na baixa e vender no topo dos preços.

Se fosse possível acertar esse tipo de coisa sempre, certamente esta seria a melhor estratégia a ser seguida. O problema é que isto não é possível. Nem mesmo as instituições financeiras aparelhadas de profissionais de alto nível e equipamento avançado são capazes de acertar o momento certo dos preços, então, é de se imaginar que as chances do pequeno investidor são mínimas.

O resultado para essa tentativa de acertar o momento de operar é que o investidor fica grande parte do tempo fora do mercado, aguardando a ação chegar no preço que ele estipulou. Existem estudos[2] que comprovam que os maiores ganhos do mercado de ações se concentram em alguns poucos dias, e basta perder alguns deles para o seu rendimento ficar consideravelmente abaixo do que poderia ter sido.

Ou seja, o investidor que comprou ações por um preço qualquer e esqueceu que elas existem tem chances consideráveis de conseguir um rendimento melhor do que o investidor que ficou acompanhando os preços e comprando e vendendo suas ações tentando acertar os melhores momentos, perdendo os melhores dias da Bolsa.[3]

Já o especulador olha apenas o preço da ação. Para ele uma ação não está cara ou barata, ele apenas analisa a possibilidade de que ela possa ser vendida por um preço maior ou menor do que o atual.

O especulador faz uma aposta sobre o preço da ação. A diferença entre um especulador profissional e um amador, é que o profissional controla o seu risco, só opera se as chances estiverem

---

[2] https://www.ifa.com/12steps/step4/missing_the_best_and_worst_days/
[3] O investidor que faz muitas compras e vendas também é prejudicado pelas taxas que tem que pagar.

a seu favor e sabe o momento certo de encerrar sua operação, seja com lucro ou com prejuízo.

O iniciante faz apostas baseado em notícias, dicas ou na pura sorte e termina perdendo todo seu dinheiro.

Repetindo: as chances do pequeno investidor ser um especulador que realmente ganhe dinheiro são mínimas[4]. Este é o campo dos experts e dos grandes investidores.

Por fim, mesmo os especuladores de sucesso, que conseguem uma renda considerável com suas operações, terão, um dia, que investir o dinheiro que ganharam. Será preciso, então, pensar como um investidor, sem misturar as coisas.

Dúvidas comuns

O que é análise técnica e análise fundamentalista?

Análise técnica, ou gráfica, é a análise dos gráficos do histórico de preços das ações no tempo. A teoria dessa análise diz ser possível observar padrões gráficos ou fazer uma análise matemática dos preços, o que permitiria identificar possíveis pontos de mudança na tendência dos mesmos e, assim, ter uma oportunidade de compra ou venda. As razões por trás desse possível padrão de movimentos teriam origens psicológicas[5].

Há diversas críticas sobre a validade desse tipo de análise, sendo a mais relevante a de que se ela realmente funcionasse, a maioria das pessoas passaria a antecipar estes movimentos e a operar contra eles, anulando sua eficácia.

---

[4] https://www.valor.com.br/financas/6149611/mais-de-90-das-pessoas-que-tentam-viver-de-%3Fday-trade%3F-tem-prejuizo

[5] Para saber mais, recomendo a leitura do livro Aprenda a Operar no Mercado de Ações de Alexander Elder

Teoricamente, especuladores utilizariam destes artifícios para realizar suas operações. Na realidade, ninguém sabe o que os especuladores de sucesso fazem.

As origens dessa análise remontam ao tempo em que não existiam computadores e as cotações eram acompanhadas pelo jornal ou pelo telefone. Especuladores que reuniam dados e identificavam tendências conseguiam ganhar dinheiro por terem uma certa vantagem em relação aos demais.

Hoje em dia, todos têm acesso às cotações de forma simultânea e um computador pode fazer milhões de cálculos em segundos, rapidamente identificando oportunidades e operando para ganhar dinheiro com elas. O resultado é que essas oportunidades se reduziram drasticamente. A vida dos especuladores ficou mais difícil.

A análise fundamentalista é a análise dos fundamentos econômicos da empresa. Questões como lucro, balanço contábil, fluxo de caixa e dívidas são analisados pelos investidores para decidirem se a empresa é um bom investimento.

Como a cotação das empresas, no longo prazo, tende a acompanhar seus resultados, identificar empresas com bons fundamentos aumenta a chance de que elas prosperem no futuro e o investidor ganhe dinheiro.

Independente da abordagem, só há chances de sucesso se você souber o que está fazendo, tiver critérios claros para definir quando irá comprar a ação ou investir na empresa e quando irá vender a ação ou encerrar seus investimentos por achar que a empresa perdeu seus fundamentos. Mais importante ainda: deverá controlar o seu risco de modo a reduzir os seus prejuízos quando estes forem inevitáveis.

CAPÍTULO 15

PSICOLOGIA DO INVESTIDOR

Ao iniciar seus investimentos na Bolsa de Valores você será exposto a uma infinidade de dados e informações que despertarão em você instintos emocionais ainda desconhecidos.

O dinamismo do mercado e a possibilidade de ganhos elevados podem levar um investidor a atuar como um apostador em um cassino, tomando decisões na base da emoção e atribuindo a fatores externos a culpa pelos seus fracassos.

Para ser um investidor de sucesso, não basta ter o conhecimento adequado e boas estratégias, é preciso também ter o sangue frio de não se deixar levar pelas variações sem fundamento da Bolsa.

Fatores essenciais a qualquer investidor são:

- Conhecimento adequado para agir por conta própria;
- Tomar decisões baseado em informações concretas;
- Confiar nas próprias decisões;
- Se responsabilizar pelos seus erros;
- Saber reconhecer as variações sem fundamento do mercado; e
- Buscar uma melhoria contínua.

Digamos que você seja um excelente analista de empresas e saiba diferenciar boas empresas das ruins. Há momentos em que as cotações da Bolsa ignoram os fundamentos e se deixam levar pela emoção dos investidores. Isto pode resultar em quedas excessivas sem qualquer motivo lógico. É nestes momentos que você precisará ter sangue frio e autoconfiança para saber que está certo e o mercado está exagerando e, assim, evitar vender suas ações em pânico, imaginando que o preço cairá indefinidamente.

Por outro lado, é preciso ter a frieza e a autocrítica para reconhecer que errou, encerrar maus investimentos e manter-se nos bons investimentos.

Reconhecer suas próprias falhas o levará a reduzir sua exposição ao risco, buscar mais conhecimento e evitar perdas desnecessárias, fazendo com que você sobreviva no mercado financeiro e obtenha sucesso na sua estratégia de investimentos.

É comum que os iniciantes queiram começar na Bolsa pela atividade de especulação, o campo dos experts. Como resultado, perdem dinheiro e atribuem a culpa do seu fracasso aos outros. Infelizmente, a atividade de especulação é a atividade mais incentivada pelas corretoras e pelo governo, pois é através delas que essas instituições e o Estado conseguem arrecadar mais dinheiro.

Um especulador faz várias operações de compra e venda, pagando taxas, comissões e impostos, não importando se teve lucro ou se perdeu dinheiro.

Já o investidor tende a fazer poucas operações, às vezes não vendendo suas ações durante décadas e, portanto, não realiza o lucro da valorização da ação, o que resulta no pagamento de pouquíssimas taxas e impostos.

A Bolsa de Valores também se beneficia com as operações constantes, pois cobra taxas sobre cada operação. Além disso, ela prioriza sua atenção aos grandes investidores estrangeiros, que são a grande fonte das suas receitas, não se dedicando à educação e ao estímulo do pequeno investidor.

É por essas razões que o investidor sujeito às suas próprias falhas psicológicas, também é exposto a um sistema que não o estimula a seguir o caminho do sucesso.

É necessário, então, um esforço pessoal e solitário, cujo resultado só será visto depois de alguns anos.

Contudo, investir em ações é o único tipo de investimento que realmente pode enriquecê-lo o suficiente para que deixe de se preocupar com o trabalho ou o salário e possa usufruir mais das coisas boas da vida.

Não obstante os desafios, o próprio caminho para o sucesso do investidor é muito recompensador e traz pequenos resultados a curto prazo, à medida que ele começa a ter um crescimento patrimonial oriundo dos dividendos e da valorização acionária, vê sua renda aumentando progressivamente e dando-lhe a possibilidade de aumentar seu consumo e ter mais tranquilidade financeira. O investidor, então, percebe o sucesso dos seus investimentos e ganha motivação para continuar se dedicando.

O Investidor Inteligente

Há um famoso livro sobre investimentos chamado O Investidor Inteligente[1], em que o autor analisa se realmente é possível obter melhores retornos no mercado acionário fazendo uma seleção mais apurada de empresas. Para isso, o autor compara o desempenho de fundos de investimento com uma seleção aleatória de empresas na Bolsa. O resultado é que, em grande parte das vezes, os fundos não conseguem ganhar da seleção aleatória.

Isto indica que nem sempre uma dedicação maior aos investimentos e à elaboração de estratégias complexas vai gerar mais retorno.

Ter em mente esta informação é essencial ao pequeno investidor, o qual, normalmente, é um profissional assalariado que dedica grande parte do seu tempo ao próprio trabalho. É comum que investidores iniciantes se empolguem com o mercado financeiro e queiram dedicar grande parte do seu tempo ao estudo ou

---
[1] Do autor Benjamin Graham

ao acompanhamento da Bolsa de Valores imaginando que isso resultará em melhor performance dos seus investimentos.

Porém, é comum que esse tempo dedicado em excesso ao mercado financeiro não resulte em ganhos superiores ao que ele obteria se tivesse, por exemplo, se dedicado a uma especialização em sua área de trabalho, que lhe proporcionasse uma chance de promoção ou de melhores salários.

Estratégias simples de investimentos, como a que veremos no capítulo 16, muitas vezes obtêm melhores resultados do que complexas operações que envolvem acompanhamento diário das cotações, estudo detalhado da contabilidade das empresas, verificação contínua de noticiários e outras atividades que tomam o tempo do investidor que poderia ser aplicado em coisas mais produtivas.

O **fator mais importante** para o rendimento de qualquer investimento, não é a taxa de rendimento, mas sim o **tempo de aplicação**, seguido de perto pelo **volume de aplicações**.

O tempo de aplicação permite aos juros compostos atuarem com cada vez mais intensidade, resultando em ganhos exponenciais que, mesmo rendendo a taxas pequenas, trazem resultados consideráveis e muito superiores quando comparados a um investimento com taxas maiores de rentabilidade (o que indica risco maior) e que ficou aplicado durante menos tempo.

O volume de aplicação faz crescer mais rápido o bolo de rendimentos e o montante de dinheiro em que os juros estão atuando, resultando em ganhos elevados mais rapidamente.

É devido a essas razões que, se sua escolha for entre se dedicar a uma atividade que lhe permita investir mais dinheiro ou dedicar-se mais ao mercado financeiro, a escolha mas inteligente estará na opção que lhe permita obter uma renda maior e aumentar o valor que você consegue separar para investir.

Vieses Psicológicos[2]

Para facilitar nossa tomada de decisão, nosso cérebro costuma pegar certos atalhos que nem sempre resultam na melhor escolha. Estes erros de decisão são tão comuns que foram catalogados pelos psicólogos. O investidor de ações está especialmente suscetível a estes erros de julgamento, também chamados de vieses psicológicos ou vieses cognitivos.

Discutiremos brevemente[3] sobre os mais comuns, de forma que você os reconheça e evite cometer decisões equivocadas:

Ancoragem

Ocorre quando você leva em consideração uma informação de forma mais relevante do que as outras que possui. Por exemplo: quando você lê uma notícia no jornal informando que "A empresa X teve lucro recorde" e resolve comprar a ação baseado apenas nesta informação, sem fazer um estudo adequado da mesma. É preciso estar atento a este viés especialmente nos momentos de queda da Bolsa, quando você será bombardeado por informações negativas por todos os lados e pode se deixar levar junto com o pessimismo da mídia.

Aversão à Perda

Os seres humanos atribuem mais importância às perdas do que aos ganhos, o que os leva a aceitar mais riscos na tentativa de recuperar prejuízos. Isto ocorre quando um investidor toma uma

---

2 Recomenda-se a leitura da publicação CVM Comportamental, Volume 1 – Vieses do investidor, disponível em: http://www.investidor.gov.br/publicacao/ListaCVMComportamental.html
3 Uma lista mais detalhada pode ser encontrada no endereço: https://pt.wikipedia.org/wiki/Lista_de_vieses_cognitivos

decisão errada, investindo numa empresa que se desvaloriza; ele percebe seu erro, mas mantém seu investimento esperando um eventual "empate" com medo de vender a ação e realizar o prejuízo. Como resultado, a ação acaba caindo mais e ele perde tudo. Por outro lado, pode existir uma ansiedade em vender ações que estejam valorizadas para realizar logo o lucro.

Viés de Confirmação

As pessoas têm uma tendência de procurarem apenas informações que confirmem suas próprias opiniões. Assim, um investidor pode ter certa preferência por uma empresa e acabar buscando pontos positivos para justificar seu investimento, ignorando possíveis aspectos negativos.

Autoconfiança excessiva

Outro erro comum aos investidores é o de se considerarem mais inteligentes do que o mercado ou de achar que todas suas decisões são corretas, insistindo em decisões ruins e buscando justificativas para elas ao invés de aceitar o erro. Como resultado, mantém investimentos ruins e perdem muito dinheiro. O bom investidor tem consciência de que pode estar errado e sempre confere se os dados que utilizou para tomar sua decisão estavam corretos. Estando errado, aceita o erro, encerra a operação e leva o prejuízo financeiro como uma lição para a vida.

CAPÍTULO 16

ESTRATÉGIA DE INVESTIMENTOS

Ao investir na Bolsa de Valores você estará exposto à diversos riscos:

- **Risco de mercado**: variação dos preços que ocorre diariamente.
- **Risco de liquidez**: chance de não conseguir vender ou comprar as ações pelo preço que deseja devido ao baixo número de negócios.
- **Riscos econômicos**: eventos como inflação alta e crises financeiras.
- **Risco regulatório**: mudança na legislação que afetem empresas.
- **Risco tributário**: mudanças na forma como os impostos são cobrados das empresas e dos investidores.
- **Riscos específicos**: riscos relacionados à área de atuação da empresa em que você investe.

São muitos riscos, a probabilidade de que você sempre consiga evitá-los é muito pequena. Assim, o investidor deve também concentrar-se em reduzir os efeitos nocivos que eventos negativos certamente trarão ao seu patrimônio.

Além disso, não bastassem todos esses fatores externos, temos que considerar, ainda, os erros que cometeremos, seja por inexperiência, seja por fatores psicológicos.

Dessa forma, é interessante que o pequeno investidor foque em dois pontos:

- Investir somente o que está disposto a perder; e
- Reduzir ao máximo sua exposição aos riscos e aos próprios erros.

No livro *What I Learned Losing a Million Dollars*[1] (O que eu aprendi perdendo um milhão de dólares) os autores discutem que em determinado momento na vida resolveram pesquisar a fundo o que os grandes investidores faziam para ganhar dinheiro. O resultado dessa pesquisa foi que, enquanto um investidor falava que fazer tal coisa era o segredo do sucesso, outro sugeria exatamente o contrário. Eles resolveram, então, pesquisar o que os grandes investidores falavam para não fazer, e nisso todos foram unânimes:

Não perca dinheiro!

Há diversas estratégias para você seguir ao investir em ações, aqui falaremos sobre uma que segue os conselhos dos grandes investidores e foca em reduzir o risco, evitando perder dinheiro.

Preparando-se para Investir em Ações

Antes de pensar em investir em ações, você deve estar preparado. Para evitar que as variações do preço exerçam uma pressão psicológica muito grande sobre você é importante que organize bem seus investimentos e separe para o investimento em ações apenas uma quantidade de dinheiro com a qual esteja confortável.

---

[1] Dos autores Brendan Moynihan e Jim Paul.

Lembre-se que mesmo que você tome todas as precauções, ainda assim existe a possibilidade, ainda que remota, de você perder todo o dinheiro que investiu na Bolsa. Assim, antes de comprar sua primeira ação, é recomendável que você:

- Tenha uma reserva de emergência, um valor disponível rapidamente para o caso de emergências[2].
- Invista também em outros ativos, como a renda fixa. Isto o deixará mais tranquilo em relação ao dinheiro que tem disponível e aumentará sua aceitação ao risco, permitindo que você observe as variações no preço das ações sem ser afetado emocionalmente.
- Comece pequeno. Como em qualquer área da vida em que estamos iniciando, comece devagar, dando passos pequenos e constantes, investindo somente o dinheiro que está disposto a perder, conhecendo a si mesmo e reduzindo o impacto dos seus erros.

Montando a Estratégia

O segredo para diminuir sua exposição ao risco na Bolsa de Valores é diversificar. Diversifique em tudo o que puder. Além disso, mantenha anotações e um bom controle dos seus investimentos. Isto evitará que você aja por impulso emocional e permitirá avaliar o seu desempenho ao longo do tempo.

Invista em várias empresas diferentes

Investir em várias empresas fará sua exposição ao risco ser dispersada. Assim, se uma crise no preço do petróleo afetar uma das suas empresas, as demais podem passar incólumes, e a varia-

---
[2] Dos autores Brendan Moynihan e Jim Paul.

ção negativa em uma empresa afetará minimamente o seu investimento total.

Portanto, defina critérios de investimento que não restrinjam demais seu universo de boas empresas para investir.

Defina Valores

Defina de antemão quanto irá investir em cada empresa. Utilize o critério que achar mais conveniente. O ideal é definir um objetivo percentual em relação ao seu patrimônio total e não ter mais que 10% do total em uma única ação.

Empresa	Meta
Empresa A	8%
Empresa B	9%
Empresa C	4%
Empresa D	5%
Empresa E	7%
Empresa F	8%
Empresa G	10%
Empresa H	8%
Empresa I	9%
Empresa J	6%
Empresa K	7%
Empresa L	10%
Empresa M	4%
Empresa N	5%
TOTAL	100%

Tabela 30 Exemplo de metas de investimento para empresas de forma a diversificar o valor aplicado em cada ação.

Mantenha anotações

Procure anotar as razões por que tomou a decisão de investir em uma empresa e por que definiu certa estratégia de investimento. Assim, em momentos de dúvida, poderá consultar suas anotações e analisar a situação de forma racional, sem deixar-se levar pelas emoções do momento.

Faça compras periódicas com valores reduzidos

É óbvio que se pudéssemos acertar o momento de comprar e vender ações na Bolsa ganharíamos mais dinheiro. Por outro lado, você já viu que tentar acertar os melhores momentos não só é praticamente impossível como basta você ficar fora da Bolsa e perder alguns poucos dias de alta para o seu rendimento ser afetado consideravelmente.

A melhor forma de combater estes problemas é diversificar suas compras no tempo. Dessa forma, se você fizer, por exemplo, compras mensais, estará comprando tanto em momentos de alta quanto de baixa, não perderá os melhores dias e ainda terá tempo para avaliar o desempenho das empresas e se tomou a decisão certa, evitando apostar tudo de uma só vez.

Controle seus investimentos

Mantenha um controle dos seus investimentos para avaliar se está seguindo sua estratégia à risca e conferir seus resultados. Isto trará mais confiança e conforto psicológico a respeito das suas decisões e também permitirá identificar seus erros, corrigindo-os rapidamente para, então, melhorar sua performance como investidor.

Defina quando irá vender suas ações

Você deve vender ações quando:

- Quiser obter dinheiro com a venda;
- Perceber que cometeu um erro; e
- Resolver não ser mais investidor de determinada empresa.

Em todos esses casos, faça a venda aos poucos, com calma, analisando se sua decisão está correta ou se não é fruto da emoção do momento, especialmente no caso em que resolva vender ações porque considera que a empresa não atende mais os seus requisitos.

Lembre-se que todas as empresas têm anos com resultados ruins ou com piora nos resultados. Os investidores da Bolsa de Valores costumam penalizar empresas que sofrem redução de crescimento ou piora de resultado, mesmo que este tenha sido positivo, fazendo o preço das ações despencarem. Nestes momentos, o investidor que sabe o que está fazendo tem sua melhor chance de comprar algumas ações com desconto.

Por isso, quando uma empresa apresentar piora nos resultados, o ideal é, inicialmente, não vender suas ações. Comece parando de investir dinheiro novo na empresa durante um ano. Observe o resultado do ano seguinte e avalie se houve melhora ou piora e se a gestão está fazendo alguma coisa para solucionar o problema. Só então tome a decisão de continuar, sair da empresa ou postergar a decisão para o ano seguinte para aguardar mais um resultado.

Se optar pela venda da ação por achar que o destino da empresa é o fundo do poço, esqueça a cotação e faça a venda da ação. Lembre-se que mesmo tendo prejuízo com essa venda, é melhor ter esse dinheiro investido em empresas que realmente sejam boas.

Revise seu plano periodicamente

Uma grande crítica feita à diversificação é que o investidor não terá tempo suficiente para acompanhar seus investimentos como deveria.

Antes de mais anda, lembre-se que nem sempre mais acompanhamento, resultará em melhores resultados. Na maioria das vezes, seu tempo poderia estar sendo gasto em coisas mais produtivas do que analisar balanços de empresas ou notícias sobre a economia.

De qualquer maneira, defina um número de empresas para investir que lhe deixe confortável, com o tempo e a experiência você irá aperfeiçoar o seu método ajustando estas questões.

Inicialmente, procure revisar sua estratégia de investimento uma vez ao ano, verificando as informações anuais da empresa, pois este é o Exercício Social que realmente dá uma visão geral do desempenho, ao contrário dos informes trimestrais, que abrangem apenas um curto período.

Assim, uma vez por ano, reúna suas anotações e as demonstrações financeiras da empresa e revise se:

- A quantidade de dinheiro investido em cada empresa está de acordo com seus objetivos.
- As empresas ainda cumprem os requisitos que você estipulou para investimento.
- Você deseja adicionar mais empresas.
- As decisões que tomou mostraram-se corretas.
- Irá alterar os critérios para selecionar empresas.

> **Relatório aos investidores**
>
> Da mesma forma que os administradores das empresas emitem relatórios explanando aos seus investidores seus resultados e suas estratégias, você também pode criar um relatório anual, contendo uma análise dos seus resultados, os critérios que utilizou e suas intenções para o futuro, de forma que no ano seguinte você possa reler o que escreveu e ver o que deu certo ou errado.
>
> Para ajudar na confecção deste relatório, imagine que você é um gestor de fundos de investimento e está escrevendo para seus clientes, justificando suas ações.

Siga o plano

Por fim, e mais importante, siga seu plano.

Se você definiu metas de investimento para cada empresa, cumpra-as sem ficar reavaliando todo mês se deve ou não colocar dinheiro naquela empresa. O objetivo em definir tudo de antemão é justamente evitar ter muito trabalho de acompanhamento e cometer erros de avaliação devido a fatores psicológicos.

O ideal é que, durante o ano, você atue como uma máquina, apenas executando o que definiu anteriormente. Quando fizer a reavaliação anual da sua estratégia, aí então reflita sobre ela e o que pode ser mudado.

Não fique com preguiça de controlar seus investimentos e documentar suas decisões. Pense em quanto tempo você gasta com coisas fúteis no seu dia a dia e reflita por que não seria sensato reservar um pouco do seu tempo para cuidar do seu próprio dinheiro.

Dúvidas Comuns

Já defini em quais empresas vou investir. Qual ação compro primeiro?

Para as primeiras compras, você pode utilizar qualquer critério, ordem alfabética, aleatória, etc. Depois que já tiver investido algum dinheiro em todas elas, bastará observar qual empresa está mais distante da sua meta de investimento e comprar sua ação.

Como fazer se eu só posso investir pouco dinheiro por mês?

Mesmo que você só possa investir uma quantia pequena de dinheiro mensalmente, inicialmente, faça a escolha das empresas em que irá investir. Em seguida, junte dinheiro suficiente para comprar um valor que não seja muito afetado pelas taxas. Suas compras podem ser efetivadas a cada dois meses ou mais. E mesmo que leve muito tempo para que você volte a comprar a ação de uma empresa, com o tempo, com o recebimento dos dividendos, sua renda disponível tenderá a aumentar e você poderá comprar com mais frequência.

Como fazer se eu receber um valor muito grande para investir de uma só vez?

Digamos que você resolveu aportar R$1.000,00 mensais e, de repente, venda um imóvel, ficando com R$200.000,00 na mão, que deseja investir em ações. O ideal é diversificar e manter o plano e não usar todo o valor de uma só vez. Por exemplo, você pode aumentar suas compras de ações para 2 ou 3 mil reais por mês, deixando uma parte dos 200 mil na poupança para alimentarem esta compra. O restante você pode investir em aplicações de renda fixa com diversos vencimentos, para um ano, dois anos, etc. À medida que estes títulos forem vencendo, você utiliza o dinheiro para comprar ações.

Isto vai evitar que, por um azar, você faça uma compra de um grande valor de ações justamente em um momento de alta do mercado, demorando a ver suas ações ficarem no positivo de novo.

E se eu estiver fazendo compras constantes de uma mesma ação porque o preço não para de cair?

Pode ocorrer de uma empresa ficar um longo tempo com as ações em queda e você repetidamente ter de comprar mais para manter a meta que estipulou. Nestes casos, deixe a ação de lado um pouco e avalie se nada grave está ocorrendo com a empresa. Se a empresa não tiver problemas, simplesmente deixe de comprar ações desta empresa por um tempo até os valores investidos em todas as suas empresas ficarem mais equilibrados

---

E quando as ações só sobem?

Pode ocorrer de uma ação valorizar-se continuamente durante um longo tempo e a empresa ficar constantemente acima da sua meta, fazendo com que você nunca compre mais ações dela. Neste caso observe se realmente faz muito tempo que você não investe nesta empresa. Se este for o caso, compre mais ações dela de vez em quando, ainda que os valores estejam acima da sua meta.

Resumo

Resumindo todos os pontos apontados neste capítulo, podemos dizer que uma boa estratégia para o pequeno investidor em ações é

- Definir critérios de seleção;
- Selecionar empresas;
- Diversificar em número de empresas e em qual setor elas atuam;
- Definir quanto irá aplicar em cada empresa (defina um percentual do seu patrimônio que deseja ter investido em cada empresa)
- Definir um valor a ser aplicado mensalmente na compra de ações;
- Registrar os critérios que utilizou e o motivo por trás das suas escolhas;
- Realizar as compras mensais seguindo o plano;
- Registrar as compras que fez e os valores que recebeu; e
- No início do ano seguinte, quando as empresas divulgarem os resultados anuais, reavaliar seu plano de investimento e fazer as alterações necessárias.

CAPÍTULO 17

CORRETORA DE VALORES

Uma Corretora de Valores é uma instituição financeira autorizada pelo Banco Central do Brasil a atuar como intermediário entre o investidor e instituições como a Bolsa de Valores.

Basicamente o que elas fazem é receber as suas ordens de compra ou venda e executá-las nos sistemas a que elas têm acesso.

Por que elas existem?

Uma dúvida comum é por que há necessidade de intermediários se você poderia muito bem acessar o sistema diretamente do seu computador e fazer o que tem que ser feito.

Em primeiro lugar, é porque a lei determina que seja assim. As razões são históricas e regulatórias.

Antigamente, era preciso ir pessoalmente à Bolsa de Valores para se fazer alguma operação. Possivelmente, isso exigiria muito tempo e espaço para poder acomodar a todos se cada um tivesse de ir até a Bolsa para fazer suas operações. Por isso, era o corretor quem fazia este trabalho para você, com as ordens sendo comandadas por telefone.

Outro aspecto que mantém a existência das corretoras é a necessidade de prover segurança ao sistema e aos investidores. Assim, a Bolsa de Valores vende o acesso aos seus sistemas de negociação a poucas corretoras, tornando o processo mais simples e robusto, enquanto as corretoras, fiscalizadas e reguladas pelo governo, oferecem seus serviços aos investidores.

Escolhendo uma Corretora[1]

Corretoras de Valores são como supermercados de investimentos, oferecendo produtos de diversos bancos e instituições financeiras em um único lugar para que o investidor possa escolher onde aplicar seu dinheiro.

Alguns fatores que você pode levar em consideração ao escolher uma corretora são:

- Taxas;
- Atendimento;
- Variedade de produtos oferecidos; e
- *Layout* dos sistemas.

Cabe a você verificar estes e outros aspectos que considere importantes e escolher qual a melhor corretora para o seu caso. Lembre-se de não considerar apenas as menores taxas, mas também verificar se o atendimento é bom, se a corretora consegue manter os seus sistemas *online* sem falhas, se há variedade de produtos nos quais você possa vir a investir no futuro e se, de forma geral, o *website* e os sistemas lhe agradam.

Muitos bancos de varejo (aqueles em que você tem conta corrente) também possuem corretoras e oferecem facilidades como utilizar a conta corrente diretamente para fazer investimentos ou receber rendimentos. Para alguns isto pode ser um ponto positivo, pois no caso de uma corretora que não seja do seu banco, antes de começar a investir, será necessário fazer uma transferência de dinheiro da sua conta corrente do banco para a sua conta da corretora.

Outra forma de obter mais informações sobre corretoras é consultando a opinião de outros usuários pela *internet* colocando

---

1 Lista de todas as corretoras que operam na B3: http://www.b3.com.br/pt_br/produtos-e-servicos/participantes/busca-de-participantes/busca-de-corretoras/

o nome da corretora em ferramentas de busca e através de *sites* de reclamação.

Abrindo Uma Conta Na Corretora

Abrir uma conta em uma Corretora de Valores é um processo bem simples. Basicamente consiste em:

- Acessar o *website* da corretora;
- Preencher um formulário;
- Assinar alguns documentos;
- Enviar os documentos para a corretora;
- Aguardar sua senha de acesso; e
- Preencher um formulário de perfil de investidor.

Acessar o *website* da corretora:

Além de acessar o *website*, você pode entrar em contato pelo telefone, ir até um representante da corretora ou contactar o gerente do seu banco se a corretora for nesse mesmo banco.

Preencher um formulário:

Tenha em mãos documentos como RG, CPF e comprovante de endereço. Preencha o formulário, o qual terá perguntas sobre seus dados pessoais, a que produtos deseja ter acesso (ações e/ou outros), nível de renda e outras questões gerais.

Não se preocupe muito se não conhecer alguns investimentos que constam nos questionários. Sempre é possível mudar suas respostas e seus dados quando você desejar.

Assinar alguns documentos:

Você terá que assinar os contratos e demais documentos que a corretora solicitar.

Enviar os documentos:

É necessário enviar cópia do RG, comprovante de endereço e dos documentos assinados para a corretora. Muitas vezes isto pode ser feito de forma *online*, digitalizando os documentos e enviando pelo *website* da corretora ou através de *e-mail*.

Aguardar senha de acesso:

Uma vez feito o cadastro, você receberá as senhas de acesso ao website da corretora.

Preencher um formulário de perfil de investidor:

No primeiro acesso você provavelmente terá de responder a algumas perguntas a respeito de quais são seus objetivos e aversão ao risco para que a corretora determine seu perfil de investidor e ofereça produtos de acordo. Este é um procedimento a que as corretoras são obrigadas pela Bolsa de Valores e a Comissão de Valores Mobiliários. Responda de acordo com suas intenções. Mais tarde é possível responder novamente ao questionário se você quiser.

O próximo passo é enviar o dinheiro para sua conta na corretora.

Transferindo Dinheiro

Se você abriu conta na corretora do seu próprio banco, é possível que exista a opção de utilizar o dinheiro da sua conta corrente diretamente na corretora.

Se este não for o caso, ou se você abriu conta em uma corretora independente, será preciso transferir dinheiro para a corretora antes de começar a investir.

As transações eletrônicas mais comuns são o DOC e o TED, sendo que o TED é mais rápido pois costuma ser executado no mesmo dia útil. Escolher entre um ou outro vai depender das taxas que seu banco cobra e da sua necessidade de agilidade na transferência.

A conta de destino da transferência, é sempre uma conta no nome da corretora de valores.

Consulte o *website* da corretora ou o atendimento para saber para qual conta o dinheiro deve ser enviado. Normalmente, o dinheiro é enviado para uma conta que é de propriedade da corretora e, através do seu CPF, o dinheiro é redirecionado para a sua conta na corretora.

Algumas corretoras também possuem bancos, neste caso a transferência costuma ser para o banco da corretora e a conta corrente será o código de cliente.

Uma exigência a ser cumprida é que, para fazer a transferência, o dinheiro deve ter origem de uma conta que esteja no seu CPF.

Dessa forma, outra pessoa não poderá transferir dinheiro para você diretamente para a conta da corretora.

Resgatando Dinheiro

As exigências para o resgate são semelhantes à da transferência. Você só pode resgatar dinheiro para contas no seu CPF. Algumas corretoras podem solicitar que você cadastre as contas para qual deseja enviar dinheiro.

Consulte sua corretora, pois é possível que haja cobrança de taxas para resgate.

Se você abriu conta na corretora do seu banco, é possível que corretora e banco compartilhem a mesma conta corrente, neste caso todo o dinheiro já estará na sua conta do banco e pode ser utilizado normalmente.

O resgate pode ser comandado pelo *site* da corretora ou através de telefone.

A liquidação, que é a efetiva transferência do dinheiro, vai depender do horário em que você enviar o pedido de resgate e das regras da corretora e do seu banco.

Riscos da Corretora

Há dois riscos principais relacionados a sua corretora:

- A corretora pode quebrar e você perder o dinheiro que estava na conta corrente.
- A corretora pode executar operações não autorizadas ou cometer erros nas suas ordens.

Uma corretora é uma empresa como outra qualquer. Você pode acompanhar os resultados financeiros delas através do *site* do Banco Central[2], do *site* da própria corretora ou de *sites* independentes[3]. Assim como qualquer empresa, as corretoras podem ter problemas financeiros ou legais e, eventualmente, terem de encerrar suas operações.

Quando você compra uma ação, ela fica guardada em uma conta de custódia que não pertence a sua corretora. A sua corretora é apenas o agente autorizado a mexer na sua conta de custódia.

Assim, quando uma corretora tem problemas, suas ações estarão resguardadas, bastando você solicitar a transferência para outra corretora. No entanto, o dinheiro que você tinha na conta

---

[2] https://www.bcb.gov.br/acessoinformacao/legado?url=https:%2F%2Fwww4.bcb.gov.br%2Ffis%2Fcosif%2Fbalancetes.asp
[3] https://bancodata.com.br

corrente da corretora faz parte do patrimônio da corretora e, se ela pedir falência, significa que ela não tem dinheiro para honrar suas obrigações, o que inclui devolver o seu dinheiro.

Dessa forma, o ideal é não manter uma quantidade grande de dinheiro na conta corrente da corretora durante muito tempo.

Já no caso das ordens erradas, a Bolsa prevê o ressarcimento dos seus prejuízos[4]. Por outro lado, se a corretora executar ordens sem sua autorização conscientemente, isto pode ser considerado um crime e a corretora pode sofrer interferência do Banco Central para encerrar as operações.

Para evitar ter problemas, procure escolher as corretoras não só pelas taxas cobradas, mas também pela sua reputação, história e solidez.

Dúvidas Comuns

Posso abrir conta em mais de uma corretora?

Sim, você pode ter conta em quantas corretoras quiser.

Posso transferir minhas ações de uma corretora para outra?

Sim, este processo é chamado de transferência de custódia. Para realizar a transferência das suas ações de uma corretora para outra, é preciso preencher um formulário e enviá-lo devidamente assinado para sua corretora atual informando sobre sua intenção de transferência da custódia.

---

[4] Saiba mais em: http://www.bsm-autorregulacao.com.br/ressarcimento-de--prejuizos/como-funciona

Como encerro a minha conta em uma corretora?

Para encerrar a conta em uma corretora, primeiro faça a transferência da custódia de todos os investimentos que você possui para outra corretora. Em seguida, aguarde o recebimento dos rendimentos que tiver para receber, então, transfira o dinheiro para o seu banco e, depois, entre em contato com o atendimento da corretora solicitando o encerramento da conta.

CAPÍTULO 18

HOMEBROKER

O *homebroker* é o programa de computador utilizado para se negociar ações na Bolsa de Valores. Há duas opções de utilização:

- Acessando pelo *site* da corretora; e
- Instalando o software no seu computador.

O método mais comum é acessar diretamente pelo *site* da corretora. Esta opção oferece tudo o que o pequeno investidor precisará para suas operações.

Os *softwares* que precisam ser instalados no computador, normalmente, oferecem opções mais complexas de utilização e configuração, e a corretora pode, inclusive, cobrar taxas extras pela sua utilização.

Neste capítulo exploraremos as opções mais comuns de utilização, disponíveis em ambas as versões.

Apresentação do Homebroker

Quando você abrir o programa se deparará com algo mais ou menos assim[1]:

---

[1] As variações do *homebroker* entre as corretoras costumam ser mínimas, estando as maiores diferenças no *layout* de apresentação das informações.

192 APRENDA A INVESTIR EM AÇÕES

ATIVO	ÚLT	VAR %	QTD C.	COMPRA	VENDA	QTD V.	MÉD	ABERT	MAX	MIN	FECH	VOL
PETR4	7,10	-1,39	89,1K	7,09	7,10	44,9K	7,07	7,20	7,20	6,95	7,19	291,38M
IBOV	44.402,65	-1,81	0	0,00	0,00	0	44.472,74	45.223,32	45.233,02	44.232,00	45.222,70	3,50B
VALE5	9,37	-4,78	2,2K	9,36	9,35	16,1K	9,30	9,57	9,57	9,08	9,84	227,65M

Saldo
Para Ações   R$ 2.000,00
Para Opções   R$ 2.000,00
Para Saque   R$ 2.000,00

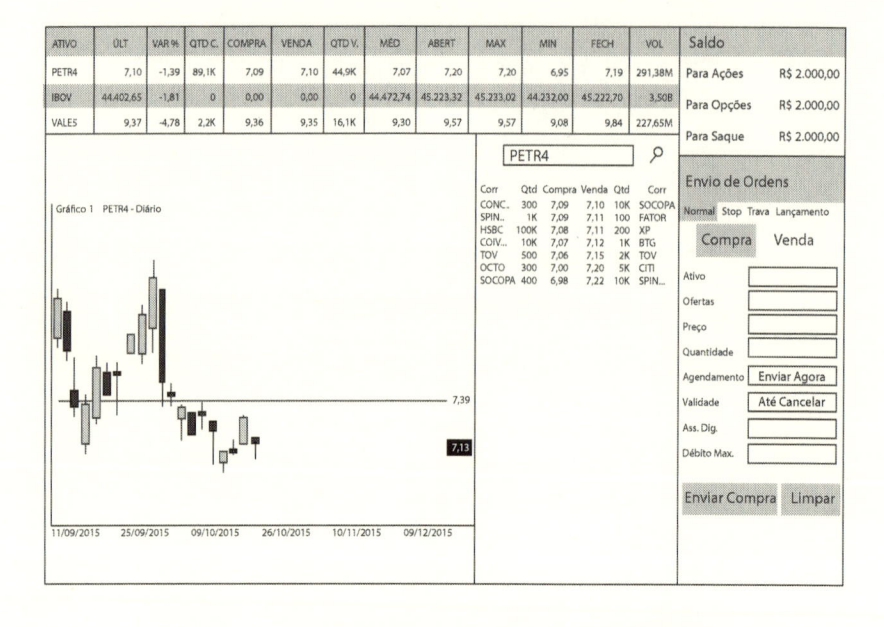

PETR4

Corr	Qtd	Compra	Venda	Qtd	Corr
CONC.	300	7,09	7,10	10K	SOCOPA
SPIN...	1K	7,09	7,11	100	FATOR
HSBC	100K	7,08	7,11	200	XP
COIV...	10K	7,07	7,12	1K	BTG
TOV	500	7,06	7,15	2K	TOV
OCTO	300	7,00	7,20	5K	CITI
SOCOPA	400	6,98	7,22	10K	SPIN...

Envio de Ordens
Normal Stop Trava Lançamento
Compra Venda
Ativo
Ofertas
Preço
Quantidade
Agendamento Enviar Agora
Validade Até Cancelar
Ass. Dig.
Débito Max.
Enviar Compra Limpar

Gráfico 1 PETR4 - Diário

7,39
7,13

11/09/2015 25/09/2015 09/10/2015 26/10/2015 10/11/2015 09/12/2015

Figura 14   Exemplo de tela inicial de um *homebroker*.

Incialmente, tudo pode parecer muito confuso, mas, na verdade, o *homebroker* nada mais é do que algumas poucas informações apresentadas de diversas maneiras diferentes.

Na Figura 14 podemos dividir as informações em diferentes áreas:

- Carteira de Ações
- Saldo da Conta Corrente
- Gráfico do preço da Ação
- Livro de Ofertas
- Formulário para envio de ordens
- Cesta de ordens

Cada uma dessas áreas tem sua finalidade específica, e sua utilização dependerá do seu interesse nas informações apresentadas. Vamos explorar melhor cada uma delas.

Carteira de ações

ATIVO	ÚLT	VAR %	QTD C.	COMPRA	VENDA	QTD V.	MÉD	ABERT	MAX	MIN	FECH	VOL
PETR4	7,10	-1,39	89,1K	7,09	7,10	44,9K	7,07	7,20	7,20	6,95	7,19	291,38M
IBOV	44.402,65	-1,81	0	0,00	0,00	0	44.472,74	45.223,32	45.233,02	44.232,00	45.222,70	3,50B
VALE5	9,37	-4,78	2,2K	9,36	9,35	16,1K	9,30	9,57	9,57	9,08	9,84	227,65M

Figura 15 Carteira de ações.

Essa janela permite-nos ver, rapidamente, as informações de negociação das ações nas quais temos interesse.

Após selecionarmos os códigos das ações desejadas, serão disponibilizadas informações como:

- Último preço negociado
- Variação do preço
- Quantidade e preço da melhor oferta de compra
- Quantidade e preço da melhor oferta de venda
- Preço médio dos negócios do dia
- Preço máximo em que a ação foi negociada no dia
- Preço mínimo em que a ação foi negociada no dia
- Preço de fechamento do dia anterior
- Volume em reais negociado no dia

Saldo da conta corrente

Saldo	
Para Ações	R$ 2.000,00
Para Opções	R$ 2.000,00
Para Saque	R$ 2.000,00

Figura 16 Janela de saldo da conta corrente.

Nesta seção a corretora informa quanto dinheiro está disponível para comprar ações. Às vezes, o número que aparece aqui pode ser diferente do seu saldo na conta corrente. Isto pode ocorrer por alguns motivos:

- Algumas corretoras colocam um valor a mais, como se fosse um crédito oferecido pela corretora.
- Algumas corretoras colocam o valor total que pode ser utilizado como garantia em operações. Em algumas operações de derivativos, em que o risco é ilimitado, é necessário dar outros investimentos que você possui como garantia da operação.
- Você comandou uma operação que ainda não foi liquidada. Lembre-se que a liquidação, a efetiva transferência do dinheiro, pode ocorrer em até dois dias úteis. Neste caso, a corretora já deixa separado o dinheiro a ser utilizado na liquidação e reduz o saldo da sua conta corrente.

O ideal é que você utilize como referência apenas o saldo da sua conta corrente. Sempre confira se os valores mostrados estão de acordo com o que você possui em conta antes de comandar uma operação.

Gráfico do preço da ação

Há algumas opções para se representar o preço das ações ao longo do tempo. Você pode:

- Representar o preço em um momento específico (gráfico de linha).
- Representar a variação do preço para um período (gráfico de vela).

Gráfico 1   PETR4 - Diário

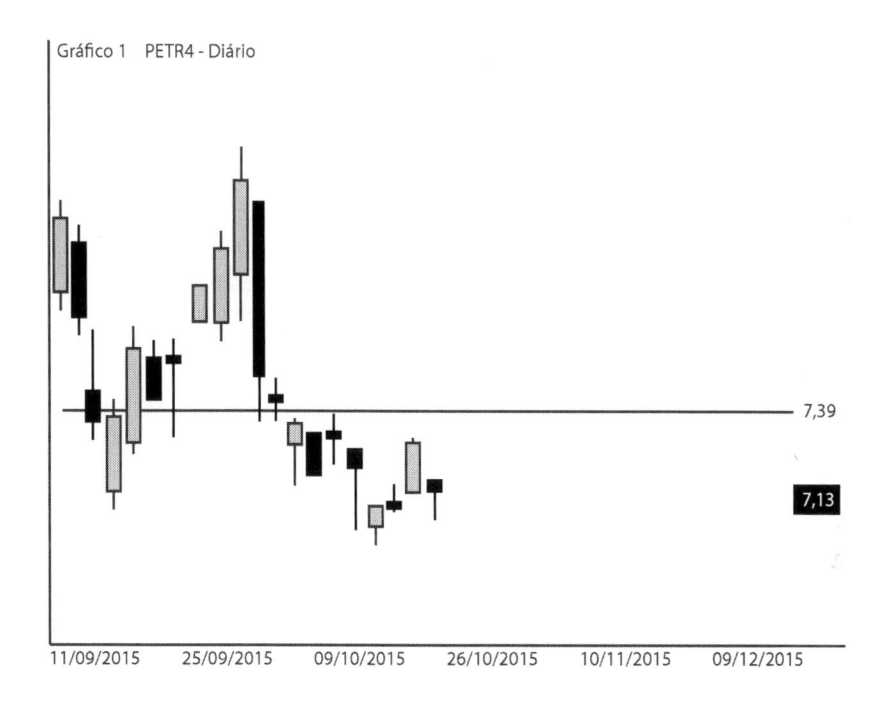

——— 7,39

7,13

11/09/2015   25/09/2015   09/10/2015   26/10/2015   10/11/2015   09/12/2015

Figura 17   Gráfico de velas (*candlestick*) do preço de uma ação ao longo do tempo.

Os investidores da Bolsa preferem observar a variação do preço para momentos específicos, por exemplo, 5 minutos, 10 minutos, 1 hora, 1 dia, etc. Para isso, é utilizado o gráfico de velas (*candlestick chart*).

Para construir o gráfico de velas, consideram-se quatro preços:

- Preço do início do período (ou preço de abertura);
- Preço máximo do período;
- Preço mínimo do período; e
- Preço do final do período (preço de fechamento).

Estes preços, então, são representados da seguinte maneira:

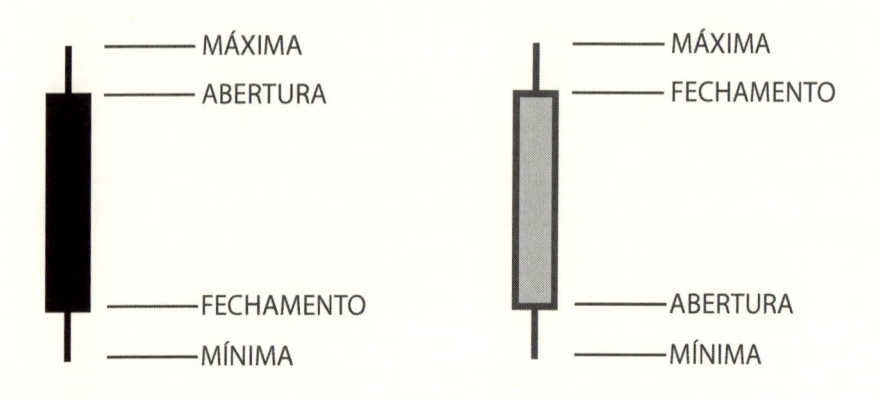

Figura 18 Exemplo de velas de um gráfico de velas. Para facilitar a visualização, são utilizadas cores diferentes para os períodos de alta (preço de abertura menor que o preço de fechamento) e períodos de baixa (preço de abertura maior que o preço de fechamento).

Quando o preço de abertura for maior que o do fechamento, isto significa que o preço da ação caiu no período analisado, então pinta-se o corpo da vela de vermelho ou preto, como na Figura 18.

Já se o preço de abertura foi menor do que o de fechamento, o preço da ação subiu no período analisado, então pinta-se o corpo da vela de verde, ou branco como na Figura 18.

Os pavios da vela estendem-se até os preços máximo e mínimo do período.

Com esse tipo de gráfico fica fácil observar como foi a variação do preço para um determinado período. O período das velas pode ser ajustado para o que o investidor quiser.

Por exemplo, se você ajustar a escala do gráfico para uma semana e ajustar o período das velas para um dia, terá um gráfico com cinco velas, uma para cada dia.

Livro de ofertas

```
     PETR4             🔍
```

Corr	Qtd	Compra	Venda	Qtd	Corr
CONC..	300	7,09	7,10	10K	SOCOPA
SPIN..	1K	7,09	7,11	100	FATOR
HSBC	100K	7,08	7,11	200	XP
COIV...	10K	7,07	7,12	1K	BTG
TOV	500	7,06	7,15	2K	TOV
OCTO	300	7,00	7,20	5K	CITI
SOCOPA	400	6,98	7,22	10K	SPIN...

Figura 19   Livro de ofertas de PETR4.

No livro de ofertas são mostradas todas as ordens de compra e venda que estão registradas no sistema, assim como a sua quantidade, preço e qual corretora a enviou.

A diferença de preço entre a melhor oferta de venda e de compra é chamado de *spread*. Na Figura 19, como PETR4 é uma ação com bastante liquidez, o *spread* é de apenas um centavo. Em ações com menos liquidez, o *spread* pode ser bem maior.

O livro de ofertas dá uma ideia geral da liquidez e da intenção dos investidores. No entanto, é possível que alguns investidores tenham ordens programadas que estão ocultas ou que serão disparadas automaticamente quando o preço chegar a um determinado valor.

Formulário para envio de ordens

Este são os campos que você preencherá para enviar ordens de compra e venda. Este formulário também pode ser chamado de boleto de compra e venda. Falaremos mais sobre como utilizá-lo na próxima seção.

198   APRENDA A INVESTIR EM AÇÕES

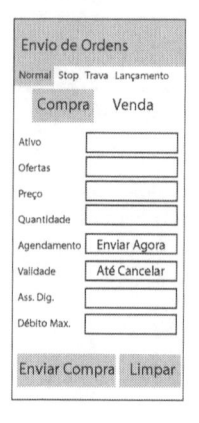

Figura 20   Formulário para envio ordens no *homebroker*.

Cesta de ordens

A cesta de ordens mostra as ordens enviadas e sua situação atual. Através da cesta de ordens você sabe:

- Se a sua ordem foi aceita pelo sistema.
- Quanto foi executado.
- Qual o preço de execução.
- Horário da execução.

ATIVO	TIPO	STATUS	PREÇO	QTD.	PREÇO EXEC.	Q. EXEC.	VALIDADE	ATUALIZAÇÃO
RNGO11	COMPRA	EXECUTADA	75,50	3	75,70	3	ATÉ CANCELAR	hoje, 15:11:47
ITUB3F	COMPRA	PARC. EXEC.	34,46	97	34,44	55	HOJE	hoje, 14:35:12
PETR4	VENDA	CANCELADA	18,90	400				

Figura 21   Cesta de ordens.

Comprando e Vendendo uma Ação

Uma vez decidido qual ação você irá comprar ou vender, é hora de enviar a ordem pelo *homebroker*.

Procure enviar as ordens durante o funcionamento do pregão, de preferência fora dos horários dos leilões de abertura e fechamento, que são os períodos de grande volatilidade.

O processo de compra de uma ação pode ser dividido nos seguintes passos:

1. Decidir qual ação comprar;
2. Decidir o valor a ser investido;
3. Verificar o preço de negociação da ação no momento;
4. Decidir se irá comprar a mercado ou por um preço específico;
5. Verificar se utilizará o mercado à vista ou o mercado fracionário;
6. Preencher a boleta;
7. Checar o envio da ordem; e
8. Acompanhar a execução da ordem.

Vamos utilizar um exemplo prático de compra para ilustrar esta operação.

O processo de venda ocorre de maneira muito semelhante.

Decidir qual ação comprar e o valor a ser investido

Este passo está relacionado a sua estratégia. Neste exemplo vamos simular a compra de R$1.000,00 em ITUB3.

Verificar o preço da ação no momento.

Abra o livro de ofertas da ação que você quer comprar e observe o preço do último negócio e da melhor oferta de venda.

Na Figura 22 temos um livro de ofertas hipotético para ITUB3. O último negócio foi a R$33,57 e a melhor oferta de venda está em R$33,68.

ITUB3					
33,57					
Corr	Qtd	Compra	Venda	Qtd	Corr
BRAD...	200	33,52	33,68	100	BTG
XP	100	33,51	33,69	100	XP
INDU...	600	33,51	33,70	100	MORG...
OCTO	400	33,50	33,74	100	MORG..
BTG	100	33,50	33,75	100	MORG..
MORG...	200	33,47	33,82	100	LINK
LINK	100	33,46	33,88	200	MIRAE

Figura 22 Livro de ofertas de ITUB3.

Decidir se irá comprar a mercado ou por um preço específico

Comprar a mercado significa pagar o preço da melhor oferta de venda do momento. Você também tem a opção de determinar um preço de compra. Neste exemplo, vamos optar por comprar pelo preço do último negócio, R$33,57.

Verificar se utilizará o mercado à vista ou o mercado fracionário

Queremos investir R$1.000,00 em ações pelas quais queremos pagar R$33,57. Isto equivale a uma compra de 29 ações. Como no merca à vista só se pode operar múltiplos de 100, teremos de utilizar o mercado fracionário.

Para utilizar o mercado fracionário basta adicionar um F ao final do código da ação. Para ver como estão as ofertas no mercado fracionário, digitamos ITUB3F no livro de ofertas.

Na Figura 23 está o livro de ofertas do mercado fracionário de ITUB3. Neste mercado também não há ninguém oferecendo vender pelo preço de R$33,57 que é o que você quer pagar.

Mesmo assim, enviaremos a ordem pelo preço que queremos e deixaremos ela no sistema até que alguém mande uma ordem de venda que nos atenda.

Corr	Qtd	Compra	Venda	Qtd	Corr
UMUA...	2	33,52	33,64	9	XP
XP	50	33,51	33,65	60	FLOW
XP	9	33,49	34,99	96	NOVI...
FLOW	99	33,48	35,00	99	GRAD...
INDU..	10	33,48	35,80	10	BRAD...
NOVI..	98	33,52	35,92	2	BRAD...
COIN...	10	32,51	36,00	16	ICAP

Figura 23   Livro de ofertas de ITUB3F.

O mercado fracionário

As ações negociadas no mercado fracionário são as mesmas ações do mercado a vista. O código F serve apenas para diferenciar os mercados no sistema da Bolsa. Assim, se você fizer duas compras de 50 ITUB3F, poderá vender suas cem ações no mercado à vista utilizando o código ITUB3 e negociando um lote de ações.

Como há menos pessoas negociando no mercado fracionário, a liquidez tende a ser menor e o *spread* maior. Não se preocupe, ordens enviadas a preços próximos do mercado à vista, na maioria das vezes, serão executadas sem problemas.

Preencher a boleta

Para enviar nossa ordem, devemos preencher a boleta. Além das opções de preço, é possível escolher entre enviar a ordem na hora, ou agendar para uma data específica, ou ainda, selecionar a data de validade da ordem. As ordens podem valer até o fim do pregão, até que você as cancele ou até uma data específica. Este será o prazo que ela permanecerá no sistema aguardando ser executada.

No nosso caso, não temos pressa, por isso, vamos preencher com o prazo de "Válida até cancelar" (VAC).

Preenchido, nossa boleta ficaria como a Figura 24.

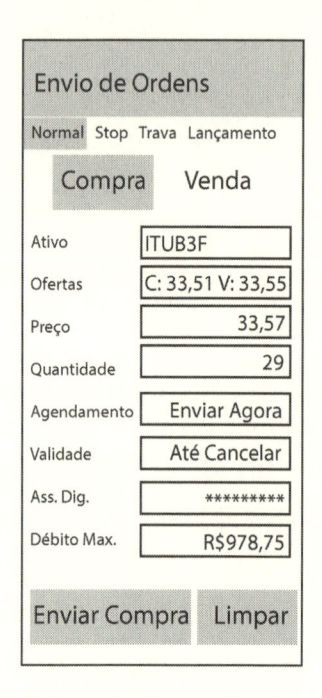

Envio de Ordens	
Normal Stop Trava Lançamento	
Compra	Venda
Ativo	ITUB3F
Ofertas	C: 33,51 V: 33,55
Preço	33,57
Quantidade	29
Agendamento	Enviar Agora
Validade	Até Cancelar
Ass. Dig.	*********
Débito Max.	R$978,75
Enviar Compra	Limpar

Figura 24   Boleto de Compra de 29 ITUB3F pelo preço de R$33,57 com ordem válida até cancelar.

Alguns campos da boleta são preenchidos automaticamente. Depois de preencher os campos, verifique o total do débito (que inclui as taxas a serem pagas) e clique em ENVIAR.

Checar o envio da ordem

Após enviar a ordem, verifique na cesta de ordens se ela foi aceita pelo sistema ou se ocorreu algum erro.

Acompanhar a execução da ordem

Através da cesta de ordens, verifique o andamento da sua ordem. O sistema executará a ordem à medida que ofertas de venda forem aparecendo. Assim, pode ser que sua ordem não seja executada toda de uma vez só, bem como pode ser que a ordem seja executada por um preço abaixo do que você comandou.

Na Figura 25 temos um exemplo de como ficaria sua cesta de cordens após o envio da ordem de compra de 29 ITUB3F:

ATIVO	TIPO	STATUS	PREÇO	QTD.	PREÇO EXEC.	Q. EXEC.	VALIDADE	ATUALIZAÇÃO
ITUB3F	COMPRA	ACEITA	33,57	29	0,00	0	ATÉ CANCELAR	hoje, 13:04:58

Figura 25 Cesta de ordens constando a ordem de compra de 29 ITUB3F enviada através do homebroker, com o status de "aceita pela bolsa".

Corretagens para ordens executadas parcialmente

Se a ordem for executada parcialmente, isto é, apenas uma parte das compras for executada, e a validade da ordem for "até cancelar", a ordem com o restante das compras permanecerá no sistema mesmo após o encerramento do pregão, podendo ser finalizada somente em outro dia. Neste caso, a taxa de corretagem cobrada pode variar conforme a corretora.

Algumas corretoras cobram somente uma taxa de corretagem, mesmo que a ordem seja executada em dois dias diferentes.

Algumas corretoras cobram uma taxa de corretagem para cada dia em que houver execução de parte da ordem.

Nota de Corretagem

Diariamente, após o encerramento do pregão, a corretora executa a contabilidade das suas operações e produz a nota de corretagem.

A nota de corretagem contém todas as informações sobre as operações que você realizou no dia, como quantidade, preço, código da ação e taxas e impostos cobrados. Esse documento é enviado via *e-mail* ou pode ser acessado através do *site* da corretora.

É importante que você confira e guarde todas as notas de corretagem, pois servem como comprovantes das suas operações caso você venha a precisar.

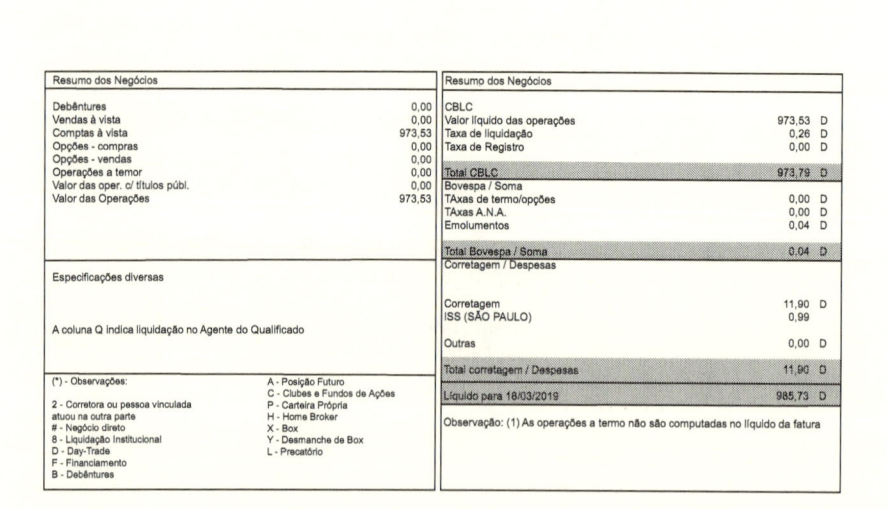

Figura 26 Exemplo de Nota de Corretagem.

Dúvidas comuns

Como faço se quiser comprar, por exemplo, 135 ações?

Neste caso você vai precisar enviar duas ordens. Você pode:

- Enviar uma ordem de 100 no mercado à vista e uma de 35 no mercado fracionário; ou
- Enviar duas ordens no mercado fracionário, uma de 68 e outra de 67 ações, ou ainda, uma ordem de compra de 99 e outra de 36.

O principal fator a ser considerado neste caso vai ser o custo das taxas.

Ordens "válidas até cancelar" ficam para sempre no sistema?

Não. Periodicamente ocorrem eventos, como os leilões, que fazem a ordem ser retirada do sistema mesmo que você não a cancele.

O que são ordens start e stop?

Esta são ordens cujo envio é condicionado a um determinado preço da ação. São utilizadas como uma forma de automatizar o envio de ordens. Para saber mais sobre elas, consulte os manuais de instrução do seu *homebroker*.

CAPÍTULO 19

ADMINISTRANDO SEU PATRIMÔNIO

O investidor de ações deve manter um controle próprio dos seus investimentos. Isso não só lhe permitirá acompanhar o andamento da sua estratégia e dos seus objetivos, como também facilitará o preenchimento do Imposto de Renda.

Infelizmente, este controle ainda não é oferecido de forma satisfatória pelas corretoras, e é preciso que o investidor desenvolva sua própria rotina e métodos. Para auxiliá-lo existem tabelas de Excel e aplicativos de *internet* ou de celular que cumprem esta função, bastando que você registre as operações que fez.

Crie a rotina de atualizar seu controle mensalmente. Assim, mantém-se um acompanhamento frequente e o envolvimento com esta atividade fica reduzido.

Você deve controlar

- Operações que realizar; e
- Rendimentos que receber.

Adicionalmente, quando for fazer o seu controle mensal

- Salve e guarde uma cópia das notas de corretagem do mês;

- Salve e guarde uma cópia do extrato mensal da conta da corretora, onde estarão registrados todos os rendimentos recebidos; e
- Pesquise a respeito de eventos acionários das suas empresas. Compare com os dados do extrato mensal e com as informações da sua conta de custódia.

Canal Eletrônico do Investidor

O Canal Eletrônico do Investidor (CEI)[1] é um site mantido pela Bolsa que permite aos investidores acompanharem as informações da sua conta de custódia.

Utilize o CEI como um complemento ao site da sua corretora, que terá praticamente as mesmas informações. O CEI, no entanto, não serve para se desenvolver uma estratégia de investimento mais complexa.

A senha de acesso ao sistema é fornecida pela sua corretora ou diretamente pelo CEI.

Através do CEI você pode:

- Consultar quais ações possui em custódia e a respectiva quantidade;
- Consultar os proventos pagos e já previstos de serem pagos;
- Consultar o extrato de movimentação da sua conta de custódia; e
- Consultar os negócios que realizou.

A página inicial do CEI (Figura 27) dá uma visão geral dos seus investimentos na B3. Isto inclui também outros valores além

---

[1] https://cei.b3.com.br

das ações, como investimentos no Tesouro Direto e outros ativos financeiros de Renda Fixa.[2]

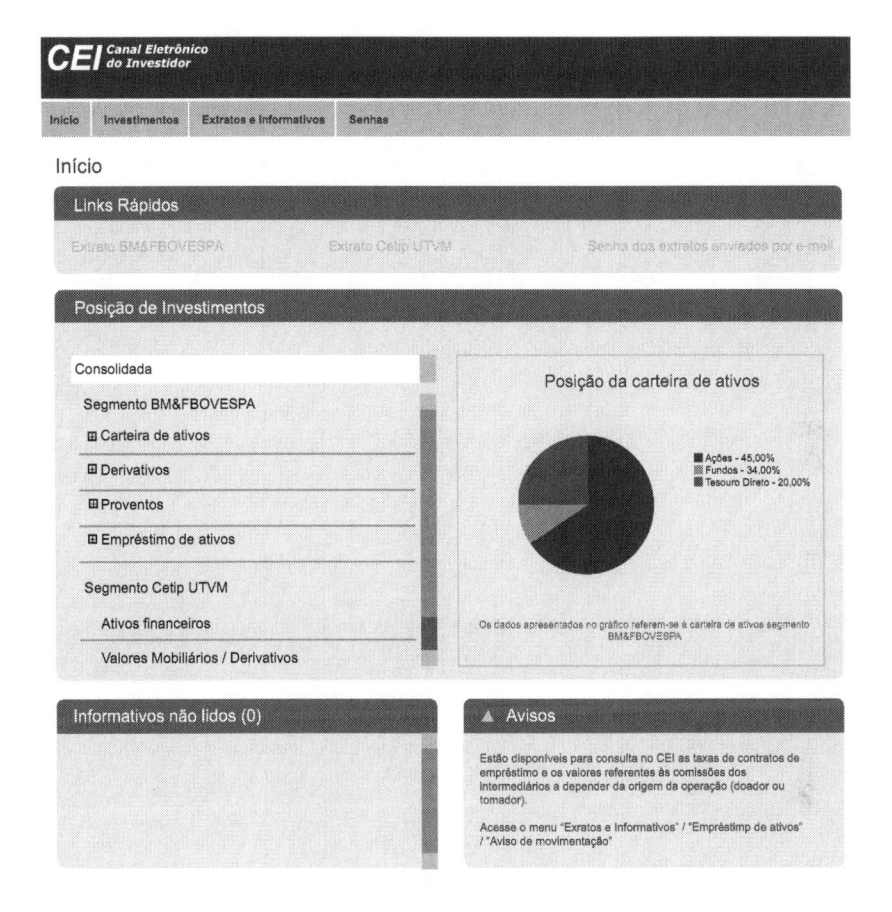

Figura 27   Página inicial do CEI

Consultar Ações em Custódia

Para verificar quais ativos possui em custódia, acesse o menu INVESTIMENTOS, item CARTEIRA DE ATIVOS.

---

2 As ilustrações deste capítulo são apenas representações dos *websites* reais e foram adaptadas para se adequarem ao livro.

210 APRENDA A INVESTIR EM AÇÕES

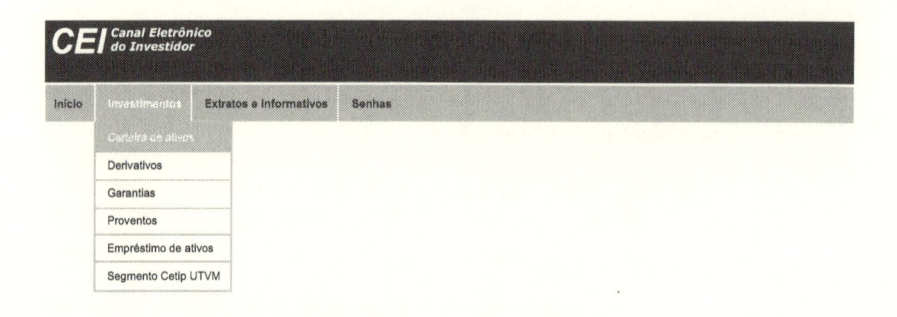

Figura 28 Menu Investimentos do CEI

Em seguida, selecione a sua corretora (caso você tenha mais de uma) e o dia da consulta e clique em CONSULTAR. O site mostrará as ações que você possui e quantidade. Os preços apresentados referem-se à cotação da ação no momento da consulta e não ao preço que você pagou (Figura 29).

Figura 29 Carteira de ativos do CEI

Consultar Proventos

No menu INVESTIMENTOS, selecione o item PROVENTOS.

Figura 30 Menu Proventos do CEI

Em seguida, selecione a data e a corretora (caso você tenha mais de uma) da conta de custódia que deseja consultar.

Figura 31 Consulta de proventos no CEI

O *site* irá apresentar os rendimentos em dois grupos (Figura 31):

- Eventos Provisionados: previstos de serem pagos; e
- Eventos Creditados: que já foram pagos.

Consultar extrato da conta de custódia

Selecione o menu EXTRATOS E INFORMATIVOS e clique no item EXTRATO BM&FBOVESPA

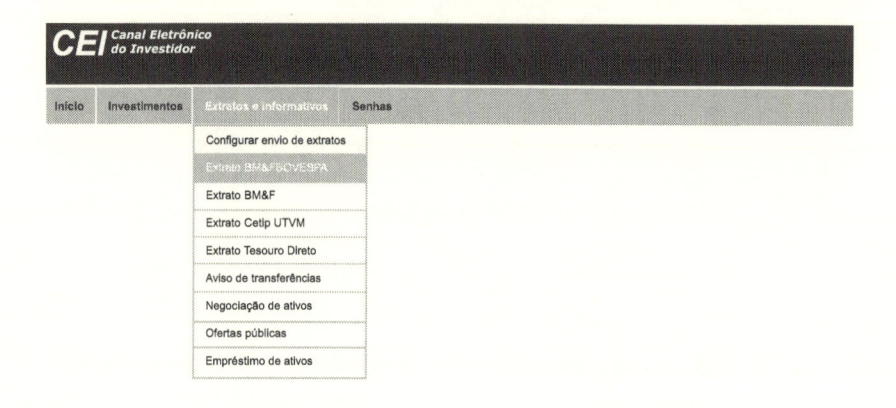

Figura 32   Menu Extratos e Informativos do CEI.

Em seguida, selecione a corretora (caso tenha mais de uma), o mês da consulta e escolha se deseja os dados em versão para Excel ou para impressão (Arquivo PDF) clicando no botão correspondente.

O extrato reúne todas as informações sobre a sua conta, como por exemplo:

- Ativos em custódia;
- Movimentações;
- Proventos provisionados; e
- Proventos creditados.

ADMINISTRANDO SEU PATRIMÔNIO 213

Consultar Negociação de Ativos

Para consultar as ações que você negociou em um período, através do menu EXTRATOS E INFORMATIVOS, selecione o item NEGOCIAÇÃO DE ATIVOS.

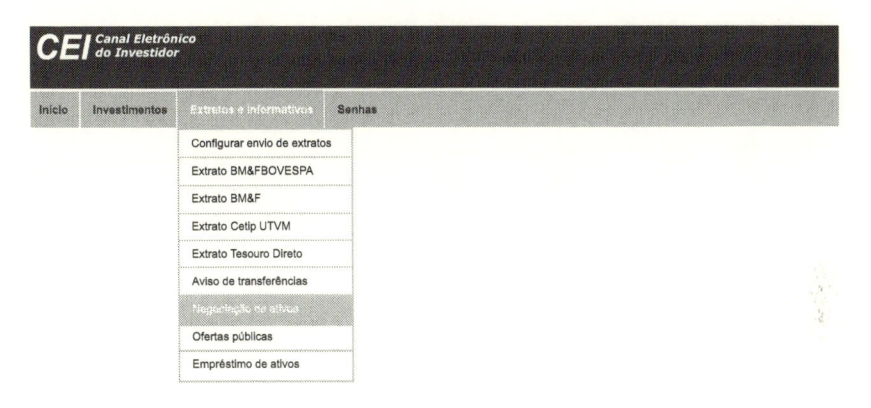

Figura 33 Menu Extratos e Informativos do CEI.

Em seguida, selecione a corretora e o período que deseja consultar.

O *site* mostrará os ativos negociados, quantidades e preços das negociações (Figura 34).

01 - INVESTINDO S.A. CVMC
Conta nº 123

Data do Negócio	Compra/Venda	Mercado	Prazo/Vencimento	Código Negociação	Especificação do Ativo	Quantidade	Preço (R$)	Valor Total(R$)	Fator de Cotação
14/03/2019	C	Mercado à Vista		INVE3	INVE S/A ON	15	222,94	3.344,10	1
14/03/2019	C	Mercado à Vista		AAAA3	AAAA S/A ON	20	24,20	484,00	1
14/03/2019	C	Mercado à Vista		BBBB3	BBBB S/A ON	99	19,15	1.895,00	1
Total Compra								5.723,10	
Tota Venda								0,00	

Figura 34 Relatório de negociação de ativos do CEI.

Planilhas de Excel

Você pode desenvolver suas próprias planilhas de Excel ou utilizar alguma versão pronta. O *site* Investindo.org possui planilhas de Excel e para Google Sheets fornecidas gratuitamente para executar o controle dos seus investimentos e da sua estratégia[3].

Uma boa técnica, é, mensalmente, apurar e registrar todos os eventos relativos ao mês que passou.

- Registre as operações que realizar com ações, com o máximo de dados possíveis. Utilize os dados da nota de corretagem para isso.
- Registre todos os proventos em dinheiro que receber: dividendos, juros sobre capital, bonificações, etc. Utilize o extrato de conta corrente da corretora ou o do CEI como referência.
- Compute as mudanças nas quantidades de ações ocasionadas pelos eventos acionários, como as bonificações, grupamentos e desdobramentos.
- Registre o exercício de um direito de subscrição como uma compra de ação. Na maioria das vezes não é cobrada corretagem pelo exercício desse direito e não é gerada nota de corretagem. Para confirmar a liquidação é preciso conferir o extrato da conta corrente.
- Atualize os totais investidos em cada ação e compare com os seus objetivos para determinar em qual ação irá investir na próxima compra.
- Caso tenha feito alguma venda, apure se houve lucro e se é necessário pagar imposto. Falaremos mais sobre isso no capítulo 20.

---

[3] http://www.investindo.org/tabelas

Aplicativos

Já estão disponíveis alguns aplicativos que auxiliam no gerenciamento de uma carteira de ações e na estratégia de controle por percentual da carteira que foi mostrada neste artigo. Pesquise a respeito para encontrar aquele que possa atender suas necessidades.[4]

A rotina de controle com os aplicativos é muito semelhante à das planilhas. Será preciso manter os registros atualizados de forma periódica para que se possa acompanhar o andamento da carteira e evitar excesso de trabalho na época da declaração anual do imposto de renda.

Dúvidas Comuns

Como computar as taxas em uma nota de corretagem com várias compras?

Como veremos adiante, a Receita Federal permite computar o custo das taxas no preço pago pela ação para fins de cômputo do lucro no caso de venda. No entanto, quando você faz várias compras em um mesmo dia, a nota de corretagem junta todas as taxas cobradas e apresenta apenas o valor final.

Muitos investidores ficam em dúvida de como registrar os custos em seus controles neste caso. Há duas opções:

1. Dividir o custo total pelas operações de forma igualitária ou pelo volume financeiro.

---

4 Alguns exemplos: Bastter System , Gorila Invest, Kinvo, Real Valor, Sétimo Digito e Meus Dividendos.

Por exemplo, em uma nota de corretagem com quatro compras e R$50,00 de taxas. Utiliza-se R$12,50 como o valor da taxa para cada operação.

2. Calcular a taxa conforme os custos informados pela Bolsa e pela Corretora.

Nesse caso, utilizando-se os percentuais informados pela Bolsa[5] e a taxa de corretagem por operação, calcula-se o custo para cada operação.

---

5 http://www.b3.com.br/pt_br/produtos-e-servicos/tarifas/listados-a-vista-e--derivativos/renda-variavel/tarifas-de-acoes-e-fundos-de-investimento/a-vista/

CAPÍTULO 20

IMPOSTO DE RENDA

Se você comprar, vender ou possuir ações em um determinado ano, terá de fazer a declaração anual do imposto de renda, mesmo que seja isento.

> **ATENÇÃO**
>
> As informações aqui disponíveis podem conter erros ou estarem desatualizadas e devem ser utilizadas apenas como referência. Consulte as leis e regulamentos ou um profissional antes de fazer sua declaração.[1]

As operações (compras e vendas) devem ser apuradas mensalmente, e, caso haja imposto a ser pago, ele deve ser pago até o último dia útil do mês seguinte. Por isso, inclua a conferência do imposto a ser pago no seu controle mensal, especialmente quando fizer alguma venda.

A alíquota de imposto é:

- 15% sobre ganhos de capital[2];
- 20% sobre ganhos de capital em operações daytrade.

---

[1] Sugere-se a leitura do "Perguntão 2019" disponível no site da Receita Federal e da Instrução Normativa n° 1585, de 31 de agosto de 2015.
[2] Artigo 2° da Lei n° 11.033, de 21 de dezembro de 2004.

Isenção:

- Há uma isenção nos ganhos de capital nos meses em que o total vendido não ultrapassar R$20.000,00[3]. Esta isenção não se aplica para *daytrade*.
- Está previsto também isenção na negociação de ações de empresas consideradas pequenas e médias conforme requisitos previstos no artigo 16 da Lei n° 13.043 de 13 de novembro de 2014.

Além do controle mensal das operações, é preciso, anualmente, preencher a Declaração Anual do Imposto de Renda, onde serão declarados:

- Lucros e prejuízos nas operações com ações
- Ações que você possui
- Valores recebidos como dividendos
- Valores recebidos como JCP
- Valores recebidos como Bonificação
- Valores recebidos como Rendimentos sobre JCP
- JCP em trânsito

Calculando Lucros e Prejuízos nas Operações com Ações

O resultado das operações é calculado utilizando-se o preço médio de todas as compras[4]. Prejuízos do mês anterior podem ser compensado no mês seguinte. Prejuízos de *daytrade* só podem ser compensados com outra operação de *daytrade*.

---

[3] Artigo 3° da Lei n° 11.033, de 21 de dezembro de 2004.
[4] Fonte: Instrução Normativa RFB n°1.585, de 31de agosto de 2015, art. 58, § 1°

Mercado à Vista

Exemplo 1:

Data	Operação	Ação	Qtd	Preço	Taxas	Total
03/04/2019	Compra	INVE3	100	R$10,00	R$2,00	R$1.002,00
05/04/2019	Venda	INVE3	100	R$12,00	R$2,00	R$1.198,00

Tabela 31 Exemplo de compra e venda simples no mercado à vista.

Na Tabela 31, o investidor comprou a ação em um dia e vendeu alguns dias depois. Observe que:

- As taxas são somadas ao total da compra[5]
- As taxas são reduzidas do total da venda

O ganho de capital nesta operação será o valor recebido pela venda menos o valor pago na compra, ou seja:

Ganho de Capital = R$1.198,00 − R$1.002,00 = R$196,00

Supondo que o investidor não fez nenhuma outra operação no mês, este lucro será isento pois o valor vendido no mês (R$1.198,00) foi menor que R$20.000,00.

Exemplo 2

Data	Operação	Ação	Qtd	Preço	Taxas	Total
03/04/2019	Compra	INVE3	100	R$10,00	R$2,00	R$1.002,00
05/04/2019	Venda	INVE3	100	R$12,00	R$2,00	R$1.198,00
10/04/2019	Compra	AAAA3	1.000	R$20,00	R$4,00	R$20.004,00
12/04/2019	Venda	AAAA3	1.000	R$23,00	R$4,00	R$22.996,00

Tabela 32 Exemplo de compra e venda no mercado à vista, ultrapassando os R$20.000,00 mensais.

---

5 Pergunta 659 do "Perguntão 2019" da Receita Federal.

Na Tabela 32 o investidor fez, duas operações de compra e venda no mês, ambas com lucro. O volume total de vendas foi de R$24.194,00 (a soma das duas vendas).

O ganho de capital total foi o lucro das duas operações:

Ganho de capital operação com INVE3 = R$1.198,00 − R$1.002,00 = R$196,00

Ganho de capital operação com AAAA3 = R$22.996,00 − R$20.004,00 = R$2.992,00

Ganho de capital no mês = R$196,00 + R$2.992,00 = R$3.189,00

Como nesse mês foi feito um volume de vendas maior que R$20.000,00, será preciso pagar imposto sobre o ganho de capital. A alíquota será de 15%. Portanto:

Imposto devido = 15% x R$3.189,00 = R$478,35

Exemplo 3

Data	Operação	Ação	Qtd	Preço	Taxas	Total
Abril/2019							
03/04/2019	Compra	INVE3	100	R$10,00	R$2,00	R$1.002,00
Maio/2019							
14/05/2019	Compra	INVE33	100	R$12,00	R$2,00	R$1.202,00
16/05/2019	Venda	INVE33	100	R$15,00	R$2,00	R$1.498,00

Tabela 33   Exemplo de compra e venda no mercado à vista, com compras em meses diferentes.

Na Tabela 33 o investidor fez a compra de ações em um dia, comprou mais ações em outro dia e por fim, vendeu parte das suas ações dois dias depois.

Neste caso, para calcular o ganho de capital, será preciso calcular o preço médio de compra.

O preço médio de compra é o valor total investido dividido pelo número de ações.

Assim, na compra do dia 03/04 o preço médio era:

$$1.002,00 / 100 = R\$10,02 \text{ por ação}$$

Após a segunda compra, o preço médio passou a ser:

$$2.204,00 / 200 = R\$11,02 \text{ por ação}$$

O ganho de capital no mês de maio será o total recebido menos o total pago, que agora será dado pelo número de ações negociada vezes o preço médio:

$$\text{Total recebido} = R\$1.498,00$$

$$\text{Total Pago} = 100 \times R\$11,02 = R\$1.102,00$$

$$\text{Ganho de Capital} = R\$1.498,00 - R\$1.102,00 = R\$396,00$$

Como o volume total de vendas no mês foi abaixo de R$20.000,00, este ganho de capital foi isento de imposto.

Exemplo 4

Data	Operação	Ação	Qtd	Preço	Taxas	Total
Abril/2019							
03/04/2019	Compra	INVE3	100	R$10,00	R$2,00	R$1.002,00
04/04/2019	Venda	INVE3	50	R$8,00	R$2,00	R$398,00
Maio/2019							
14/05/2019	Compra	INVE3	100	R$12,00	R$2,00	R$1.202,00
16/05/2019	Venda	INVE3	100	R$15,00	R$2,00	R$1.498,00
21/05/2019	Compra	AAAA3	1.000	R$20,00	R$4,00	R$20.004,00
22/05/2019	Venda	AAAA3	1.000	R$23,00	R$4,00	R$22.996,00

Tabela 34   Exemplo de compra e venda no mercado à vista, com compras em meses diferentes e compensação de prejuízos.

Na Tabela 34 o investidor fez uma venda com prejuízo em abril, e duas vendas com lucro em maio. Quando o investidor tem prejuízo em um mês, pode compensar este prejuízo nos lucros do mês seguinte[6].

Apuração Abril:

Preço médio = R$1.002,00 / 100 = R$10,02 por ação

Ganho de Capital = R$398,00 - R$501,00 = -R$103,00

Apuração de Maio:

Preço Médio INVE3 = (R$501,00 + R$1.202) / 150 = R$11,3533

Ganho de Capital INVE3 = R$1.498,00 – R$1.135,33 (100 ações vezes o preço médio de R$11,353) = R$362,67

Ganho de Capital AAAA3 = R$22.996,00 – R$20.004,00 = R$2.992,00

Ganho de Capital Maio = R$362,67 + R$2.992,00 = 3.354,67

No mês de maio, as operações resultaram em lucro e o volume de vendas foi acima de R$20.000,00, por isso, o investidor deverá pagar o imposto. No entanto, é possível subtrair o prejuízo do mês de abril antes:

Ganho de Capital compensando prejuízo = R$3.354,67 – R$103,00 = 3.251,67

A alíquota de imposto a ser paga é de 15%, portanto:

Imposto devido = 15% x R$3.251,67 = R$487,75

---

6 Pergunta 660 do "Perguntão 2019" da Receita Federal.

Daytrade

Daytrade é a operação iniciada e finalizada no mesmo dia.

Exemplo 1

Data	Operação	Ação	Qtd	Preço	Taxas	Total
03/04/2019	Compra	INVE3	100	R$10,00	R$2,00	R$1.002,00
03/04/2019	Venda	INVE3	100	R$12,00	R$2,00	R$1.198,00

Tabela 35   Exemplo de operação *daytrade*.

Na Tabela 35 o investidor comprou e vendeu ações no mesmo dia com lucro. O ganho de capital será calculado subtraindo o valor recebido do valor pago pelas ações:

Ganho de capital = R$1.198,00 − R$1.002,00 = R$196,00

Nas operações *daytrade* não há isenções, por isso o investidor deverá pagar imposto com alíquota de 20%:

Imposto devido = 20% x R$196,00 = R$39,20

Exemplo 2

Operações *daytrade* são consideradas na ordem executada[7].

Data	Operação	Ação	Qtd	Preço	Taxas	Total
03/04/2019	Compra	INVE3	100	R$10,00	R$2,00	R$1.002,00
04/04/2019	Compra	INVE3	100	R$11,00	R$2,00	R$1.102,00
04/04/2019	Venda	INVE3	50	R$12,00	R$2,00	R$598,00
05/04/2019	Venda	INVE3	50	R$12,00	R$2,00	R$598,00

Tabela 36   Exemplo de operação *daytrade* e no mercado a vista com a mesma ação.

---

7   Artigo 65º da Instrução Normativa da Receita Federal nº 1585, de 31 de agosto de 2015.

Na Tabela 36 o investidor comprou ações em um dia (03/04/2019) e, no dia seguinte comprou mais ações. Em seguida, nesse mesmo dia (04/04/2019), vendeu algumas das ações que possuía.

Como houve operação de compra e venda no mesmo dia, para a Receita isto é considerado uma operação *daytrade*.

No dia seguinte (05/04/2019), vendou outra parte das suas ações.

Vamos fazer a apuração dia a dia:

Apuração dia 03/04/2019

$$\text{Preço médio de compra} = R\$1.002 / 100 = R\$10,02$$

Apuração dia 04/04/2019

Neste dia, deve-se considerar uma operação *daytrade* de compra e venda de 50 INVE3. Assim:

$$\text{Ganho de capital daytrade} = R\$598,00 - (50 \times R\$11,02) = R\$47,00$$

Como sobre o ganho das operações *daytrade* sempre incide imposto, será preciso calcular o mesmo:

$$\text{Imposto devido} = 20\% \times R\$47,00 = R\$9,40$$

Em seguida, deve-se estipular o preço médio das 150 ações restantes após o *daytrade*: 100 adquiridas em 03/04/2019 (preço médio de R$ 10,02), e outras 50 que restaram após o *daytrade* no dia 04/04/2019 (preço médio de R$ 11,02).

$$\text{Preço médio INVE3 restantes} = R\$1.002 + (50 \times R\$11,02) / 150 = R\$10,3533$$

Apuração do dia 05/04/2019

O ganho de capital aqui será calculado utilizando o valor médio das ações na carteira.

Ganho de Capital = R$598,00 - (50 x R$10,3533) = R$80,33

Supondo que o investidor não fez nenhuma outra operação no mês o ganho apurado é isento pois o volume de vendas no mês foi menor que R$20.000,00

Preenchimento e Envio da DARF

Caso haja imposto devido a ser pago devido a ganho de capital na operação com ações, o prazo de pagamento do imposto é o último dia útil do mês seguinte ao da apuração. Isto é, se você teve lucro em abril e tem de pagar imposto, este deverá ser pago até o último dia útil de maio.

Para pagar o imposto será preciso preencher um Documento de Arrecadação de Receitas Federais (DARF). A receita federal disponibiliza um programa, o SICALCWEB[8], que facilita o preenchimento deste documento.

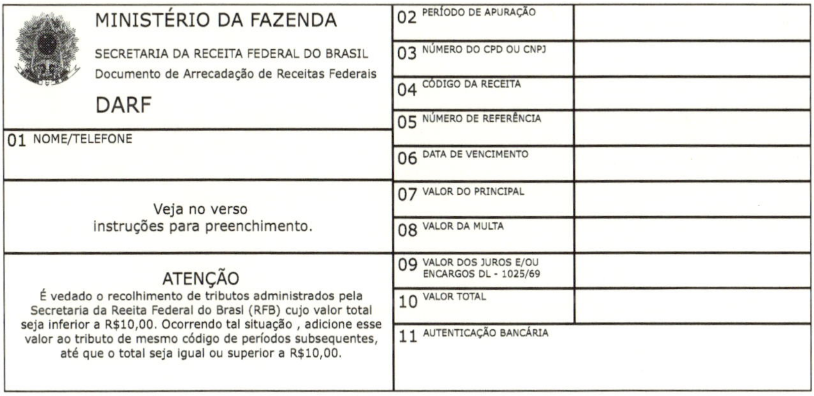

MINISTÉRIO DA FAZENDA
SECRETARIA DA RECEITA FEDERAL DO BRASIL
Documento de Arrecadação de Receitas Federais
DARF

01 NOME/TELEFONE	02 PERÍODO DE APURAÇÃO
	03 NÚMERO DO CPD OU CNPJ
	04 CÓDIGO DA RECEITA
	05 NÚMERO DE REFERÊNCIA
	06 DATA DE VENCIMENTO
Veja no verso instruções para preenchimento.	07 VALOR DO PRINCIPAL
	08 VALOR DA MULTA
ATENÇÃO É vedado o recolhimento de tributos administrados pela Secretaria da Reeita Federal do Brasl (RFB) cujo valor total seja inferior a R$10,00. Ocorrendo tal situação , adicione esse valor ao tributo de mesmo código de períodos subsequentes, até que o total seja igual ou superior a R$10,00.	09 VALOR DOS JUROS E/OU ENCARGOS DL - 1025/69
	10 VALOR TOTAL
	11 AUTENTICAÇÃO BANCÁRIA

Figura 35 DARF

8 Disponível no site da Receita Federal: http://receita.economia.gov.br/

- CAMPO 01: preencha com nome e telefone
- CAMPO 02: é o último dia do mês considerado para cálculo do imposto
- CAMPO 03: CPF
- CAMPO 04: 6015[9]
- CAMPO 05: em branco
- CAMPO 06: último dia do mês seguinte ao da apuração
- CAMPO 07: valor do imposto
- CAMPO 08: multa em caso de atraso no pagamento
- CAMPO 09: juros em caso de atraso
- CAMPO 10: valor total a ser pago

O valor mínimo a ser pago na DARF é de R$10,00. Se por acaso o imposto devido for menor que R$10,00, você pode:

- Deixar acumular até atingir R$10,00; ou
- Fazer a DARF de R$10,00 e se livrar do problema.

Declaração Anual do Imposto de Renda

Lucros e prejuízos nas operações com ações

Na Declaração Anual, na seção "Renda Variável", deverão ser lançados os resultados obtidos em cada mês, separados entre operações comuns e operações daytrade .

- Abra o programa do IRPF
- Selecione a seção "Renda Variável"
- Selecione o item "Operações Comuns / Day-Trade"
- Preencha o quadro mês a mês com os seus resultados

---

[9] Pergunta 686 do "Perguntão 2019" da Receita Federal.

Renda Variável - Ganhos Líquidos ou Perdas em Operações Comuns/Day-Trade - Titular				
Este demonstrativo deve ser preenchido pelo contribuinte pessoa física, residente ou domiciliado no Brasil, que durante o ano calendário de 2017 efetuou no Brasil: a) alienação de ações no mercado à vista em bolsa de valores; b) alienação de ouro, ativo financeiro, no mercado disponível ou à vista em bolsa de mercadorias, de futuro ou diretamente junto a instituições financeiras; c) operações nos mercados a termo, de opções e futuro, realizadas em bolsa de valores, de mercadorias e de futuros, com qualquer ativo. d) operações realizadas em mercados de liquidação futura, fora de bolsas, inclusive com opções flexíveis.				
Titular	Dependente			
	Tipo de Mercado/Ativo			
JAN FEV MAR ABR MAI JUN JUL AGO SET OUT NOV DEZ	Mercado à Vista		Operações Comuns	Day-Trade
	Mercado à vista - ações		0,00	0,00
	Mercado à vista - ouro		0,00	0,00
	Mercado à vista - outro at. fin. fora bolsa		0,00	0,00
	Mercado Opções		Operações Comuns	Day-Trade
	Mercado opções - ações		0,00	0,00
	Mercado opções - ouro		0,00	0,00
	Mercado opções - fora de bolsa		0,00	0,00
	Mercado opções - outros		0,00	0,00
	Mercado Futuro		Operações Comuns	Day-Trade
	Mercado futuro - dólar dos EUA		0,00	0,00
	Mercado futuro - índices		0,00	0,00
	Mercado futuro - juros		0,00	0,00
	Mercado futuro - outros		0,00	0,00
	Mercado a Termo		Operações Comuns	Day-Trade
	Mercado a termo - ações/ouro		0,00	0,00
	Mercado a termo - outros		0,00	0,00
	Resultados		Operações Comuns	Day-Trade
	RESULTADO LÍQUIDO DO MÊS		0,00	0,00
	Resultado negativo até o mês anterior		0,00	0,00
	BASE DE CÁLCULO DO IMPOSTO		0,00	0,00
	Prejuízo a compensar		0,00	0,00
	Alíquoto do imposto		0,00	0,00
	IMPOSTO DEVIDO		0,00	0,00

Figura 36 Quadro de Operações Comuns / Day-Trade do programa de declaração de Imposto de Renda.

Registre tanto os lucros quanto os prejuízos, bem como o valor pago nas DARF mensais.

Nos meses em que o volume de vendas foi abaixo de R$20,000,00 o registro neste quadro é opcional[10], porém você deve registrar os ganhos na aba "Rendimentos Isentos e não tributáveis", no item "Ganhos líquidos no mercado à vista de ações em bolsas de valores..."

- Abra o programa do IRPF
- Selecione a seção "Rendimentos Isentos e não tributáveis"
- Clique em "Novo"

---

10 Pergunta 685 do "Perguntão 2019"

- Selecione o item "Ganhos líquidos no mercado à vista de ações em bolsas de valores…"
- Selecione o beneficiário
- Digite o valor do lucro das operações

```
Rendimentos Isentos e Não Tributáveis

Tipo de Rendimento
20 - Ganhos líquidos em operações no mercado à vista de ações negociadas em bolsas de valores nas...

20 - Ganhos líquidos em operações no mercado à vista de ações negociadas em bolsas de valores nas alienações
realizadas até R$20.000,00 em cada mês, para o conjunto de ações

Tipo de Beneficiário
Titular

Beneficiário
000.000.000-00 - FULANO DE TAL

Valor
            1000,00
```

Figura 37   Declaração de ganhos isentos na venda de ações.

Ações que você possui

Para cada empresa cuja ação você possui, bem como para cada tipo de ação (ON ou PN) você deverá fazer um lançamento na aba "Bens e Direitos", com o código "Ações".

- Abra o programa do IRPF
- Selecione a seção "Bens e Direitos"
- Clique em "Novo"
- Selecione o código "Ações"
- No campo "localização (País)" selecione "Brasil" ou o país onde estão as ações
- No campo "CNPJ" digite o CNPJ da empresa
- No campo "Discriminação" registre os dados da sua ação:
    - Especifique o tipo de ação

- Especifique a quantidade
- Especifique o nome da empresa
- Especifique o nome da corretora em que você tem as ações

• Especifique o valor total que você pagou pelas ações (inclusive corretagem e taxas da Bolsa)

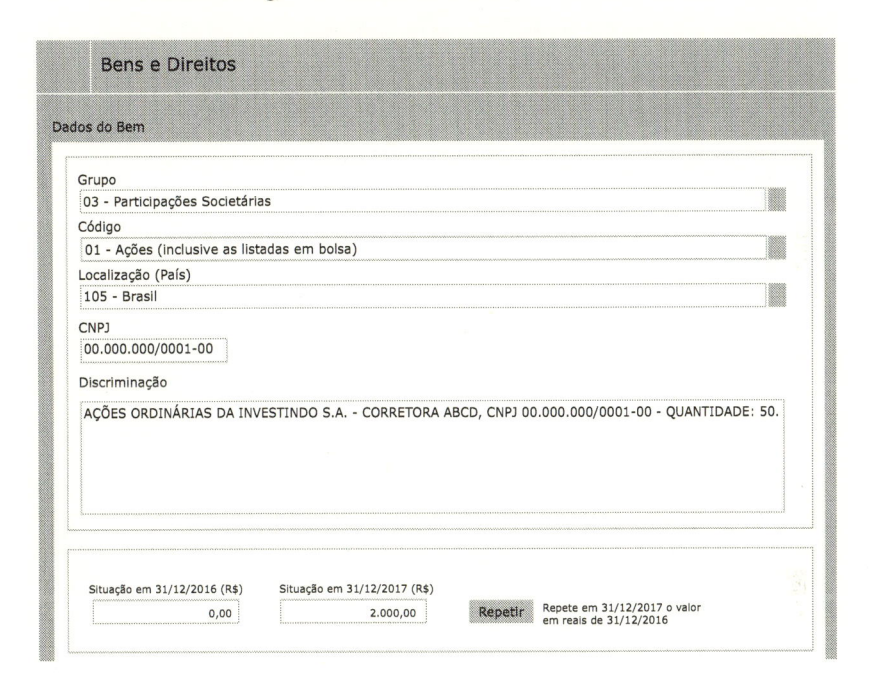

Bens e Direitos

Dados do Bem

Grupo
03 - Participações Societárias
Código
01 - Ações (inclusive as listadas em bolsa)
Localização (País)
105 - Brasil
CNPJ
00.000.000/0001-00
Discriminação
AÇÕES ORDINÁRIAS DA INVESTINDO S.A. - CORRETORA ABCD, CNPJ 00.000.000/0001-00 - QUANTIDADE: 50.

Situação em 31/12/2016 (R$): 0,00
Situação em 31/12/2017 (R$): 2.000,00
Repetir — Repete em 31/12/2017 o valor em reais de 31/12/2016

Figura 38 Declaração de ações em custódia na seção de Bens e Direitos

Faça um lançamento para cada empresa e para cada tipo de ação (ON/PN)

O registro das suas ações na aba "Bens e Direitos" demonstra o seu patrimônio investido em ações e qual o valor pago por ele para, no caso de alguma venda, calcular o lucro ou prejuízo.

O valor registrado não tem relação com a cotação das ações no final do ano, mas sim com o preço que o investidor pagou pelas ações.

Valores recebidos como Dividendos

Registre o valor recebido em Dividendos na seção "Rendimentos isentos e não tributáveis", item "Lucros e dividendos recebidos".

- Abra o programa do IRPF
- Selecione a seção "Rendimentos Isentos e não Tributáveis"
- Clique em "novo"
- Selecione o item "Lucros e dividendos recebidos"
- Selecione o beneficiário
- Digite o CNPJ da empresa que pagou os dividendos
- Digite o nome da empresa que pagou os dividendos
- Digite o valor total recebido no ano

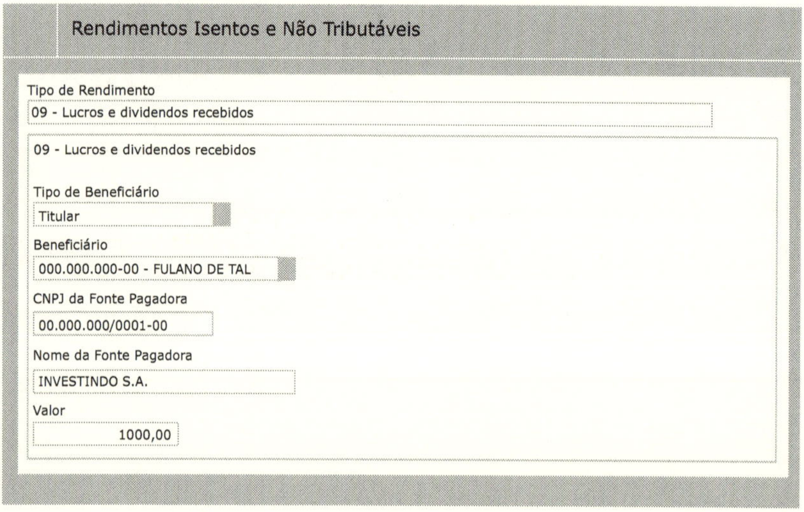

```
Rendimentos Isentos e Não Tributáveis

Tipo de Rendimento
09 - Lucros e dividendos recebidos

09 - Lucros e dividendos recebidos

Tipo de Beneficiário
Titular

Beneficiário
000.000.000-00 - FULANO DE TAL

CNPJ da Fonte Pagadora
00.000.000/0001-00

Nome da Fonte Pagadora
INVESTINDO S.A.

Valor
        1000,00
```

Figura 39   Declaração de dividendos recebidos.

Valores recebidos como JCP

Registre o valor recebido como Juros sobre Capital na seção "Rendimentos Sujeitos à Tributação Exclusiva/Definitiva", item "Juros sobre Capital Próprio".

- Abra o programa do IRPF
- Selecione a seção "Rendimentos Sujeitos à Tributação Exclusiva/Definitiva"
- Clique em "novo"
- Selecione o item "Juros Sobre Capital Próprio"
- Selecione o beneficiário
- Digite o CNPJ da empresa que pagou os Juros sobre Capital
- Digite o nome da empresa que pagou os Juros sobre Capital
- Digite o valor total recebido no ano
- Repita o procedimento para cada empresa que lhe pagou JCP

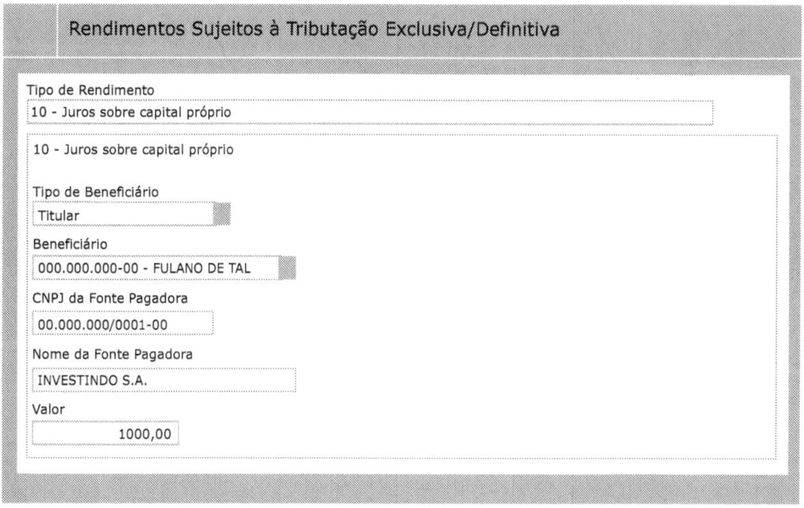

```
Rendimentos Sujeitos à Tributação Exclusiva/Definitiva

Tipo de Rendimento
10 - Juros sobre capital próprio

10 - Juros sobre capital próprio

Tipo de Beneficiário
Titular

Beneficiário
000.000.000-00 - FULANO DE TAL

CNPJ da Fonte Pagadora
00.000.000/0001-00

Nome da Fonte Pagadora
INVESTINDO S.A.

Valor
            1000,00
```

Figura 40   Declaração de Juros Sobre Capital.

Valores recebidos como Bonificação

Quando as empresas fazem bonificações, elas informam o preço de cada ação para fins de cômputo e lançamento no Imposto de Renda[11]. O investidor deve considerar como se as ações bonificadas tivessem sido compradas por ele pelo preço informado pela empresa.

```
┌─────────────────────────────────────────────────────────────┐
│   Rendimentos Isentos e Não Tributáveis                     │
├─────────────────────────────────────────────────────────────┤
│ Tipo de Rendimento                                          │
│ ┌─────────────────────────────────────────────────────────┐ │
│ │ 18 - Incorporação de reservas ao capital / Bonificações em ações │ │
│ └─────────────────────────────────────────────────────────┘ │
│   18 - Incorporação de reservas ao capital / Bonificações em ações │
│                                                             │
│ Tipo de Beneficiário                                        │
│ ┌──────────────────┐                                        │
│ │ Titular          │                                        │
│ └──────────────────┘                                        │
│ Beneficiário                                                │
│ ┌──────────────────────────────┐                            │
│ │ 000.000.000-00 - FULANO DE TAL│                           │
│ └──────────────────────────────┘                            │
│ CNPJ da Fonte Pagadora                                      │
│ ┌──────────────────┐                                        │
│ │ 00.000.000/0001-00│                                       │
│ └──────────────────┘                                        │
│ Nome da Fonte Pagadora                                      │
│ ┌──────────────────────────────┐                            │
│ │ INVESTINDO S.A.              │                            │
│ └──────────────────────────────┘                            │
│ Valor                                                       │
│ ┌──────────────────┐                                        │
│ │          1000,00 │                                        │
│ └──────────────────┘                                        │
└─────────────────────────────────────────────────────────────┘
```

Figura 41   Declaração de ações bonificadas

Registre o valor total (número de ações recebidas na bonificação multiplicado pelo preço informado pela empresa) na aba "Rendimentos Isentos e não Tributáveis", no item "Incorporação de reservas ao capital/Bonificação em ações".

- Abra o programa do IRPF
- Selecione a seção "Rendimentos Isentos e Não Tributáveis"
- Clique em "novo"
- Selecione o item "Incorporação de reservas ao capital/Bonificação em ações"

---

11 O preço é informado no Aviso aos Acionistas que fala sobre a bonificação.

- Selecione o beneficiário
- Digite o CNPJ da empresa que efetuou a bonificação
- Digite o nome da empresa que efetuou a bonificação
- Digite o valor total das ações bonificadas (valor por ação informado pela empresa multiplicado pelo número de ações que você recebeu)

Valores recebidos como Frações

Caso você tenha sido bonificado com uma fração (Ex: 3,2 ações) a empresa lhe dará as 3 ações e venderá a parte fracionária, depositando o dinheiro na sua conta da Corretora. O valor recebido pelas frações deverá ser registrado na aba "Rendimentos Isentos e não Tributáveis", no item "Outros":

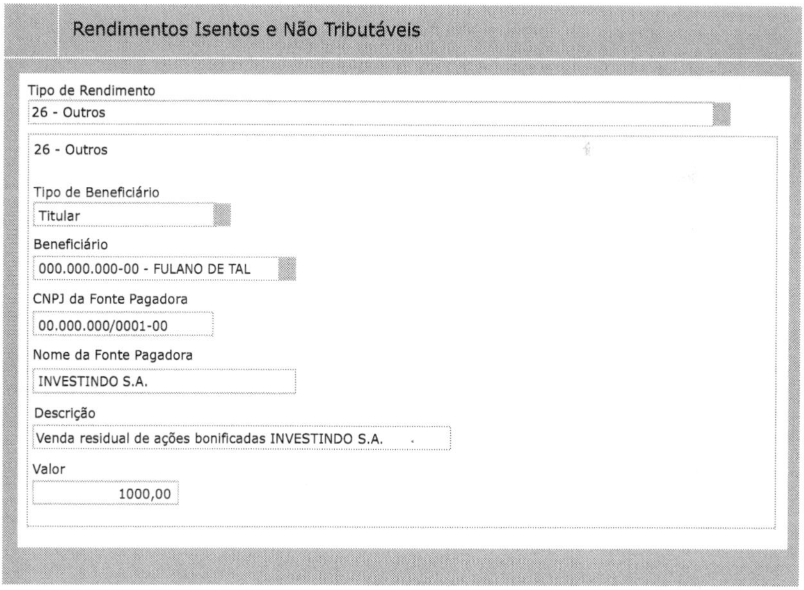

Figura 42 Declaração de valores recebidos como frações de ação.

- Abra o programa do IRPF
- Selecione a seção "Rendimentos Isentos e Não Tributáveis"
- Clique em "novo"
- Selecione o item "Outros"
- Selecione o beneficiário
- Digite o CNPJ da empresa que efetuou a bonificação
- Digite o nome da empresa que efetuou a bonificação
- Escreva na descrição algo como "Venda residual de ações bonificadas NOME DA EMPRESA"
- Digite o valor total recebido em dinheiro como fração ou sobras

Valores recebidos como Rendimentos sobre JCP

Algumas empresas (por exemplo: Banco do Brasil e BB Seguridade) pagam rendimentos que são discriminados como Rendimento sobre Juros sobre Capital Próprio, como se a empresa tivesse aplicado os valores de JCP do investidor durante um tempo e ganhado um pequeno rendimento.

Registre esse valor na aba "Rendimentos Sujeitos à Tributação Exclusiva/Definitiva", no item "Outros".

- Abra o programa do IRPF
- Selecione a seção "Rendimentos Sujeitos à Tributação Exclusiva/Definitiva"
- Clique em "novo"
- Selecione o código "Outros"
- Selecione o beneficiário
- Digite o CNPJ da empresa
- Digite o nome da empresa
- Especifique como "Rendimento sobre JCP da NOME DA EMPRESA"

- Digite o valor conforme o Informe de Rendimentos

```
Rendimentos Sujeitos à Tributação Exclusiva/Definitiva

Tipo de Rendimento
12 - Outros

12 - Outros

Tipo de Beneficiário
Titular

Beneficiário
000.000.000-00 - FULANO DE TAL

CNPJ da Fonte Pagadora
00.000.000/0001-00

Nome da Fonte Pagadora
INVESTINDO S.A.

Descrição
Rendimento sobre JCP da INVESTINDO S.A.

Valor
      1000,00
```

Figura 43   Declaração de Rendimentos sobre Juros sobre Capital.

JCP em trânsito

Juros Sobre Capital (JCP) em trânsito são valores que a empresa computou como pagos para fins de calcular seus resultados, mas que ainda não foram repassados para o investidor.

Para saber esse valor, é preciso ter em mãos o Informe de Rendimentos enviado pela empresa. Caso não o tenha recebido, entre em contato com o Relação com Investidores da empresa.

Em último caso, observe os anúncios de pagamento de JCP beneficiando os portadores de ação em um ano (último dia COM no ano), mas cujo pagamento só será realizado no ano seguinte.

Por exemplo: anúncio de pagamento de dividendos beneficiando investidores que possuírem a ação até o dia 01/12/2018, mas cujo pagamento será feito somente em 01/03/2019.

Multiplique o valor a ser pago pelo número de suas ações que foram beneficiadas e você terá o valor dos Juros Sobre Capital em trânsito.

Registre o valor de JCP a receber na aba "Bens e Direitos" com o código "Outros bens e direitos".

- Abra o programa do IRPF
- Selecione a seção "Bens e Direitos"
- Clique em "novo"
- Selecione o código "Outros Bens e direitos"
- Selecione "Brasil" ou o país onde estão as ações
- Digite a discriminação "Créditos em trânsito – Juros sobre Capital Próprio a receber – NOME DA EMPRESA – CNPJ DA EMPRESA"
- Digite o valor conforme o Informe de Rendimentos
- Faça um registro para cada empresa.

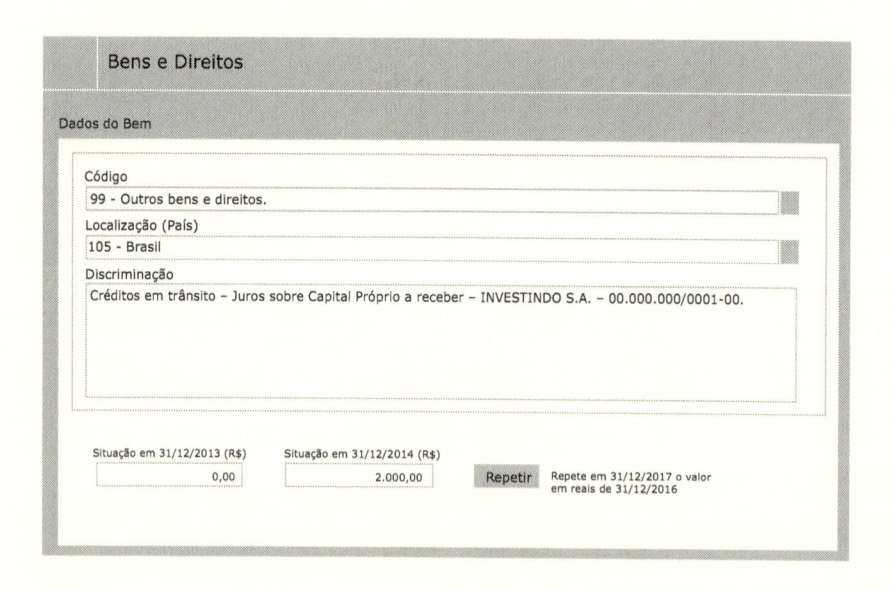

Figura 44 Declaração de créditos em trânsito.

Dúvidas Comuns

Como declarar grupamentos e desdobramentos?

Grupamentos e Desdobramentos não alteram o valor das ações do investidor[12], por isso, não precisam ser especificados na declaração.

A única implicação que esses eventos acionários trarão à declaração do investidor, será alterar o número de ações que o mesmo possui em custódia, as quais são registradas na seção "Bens e Direitos".

E se eu tiver um prejuízo no mês de dezembro, posso compensar no ano seguinte?

Sim, mas para isso é preciso preencher o Demonstrativo de apuração de ganhos mensal (Figura 36) na declaração anual.

O que fazer se eu não receber o informe de rendimentos?

Você deve entrar em contato com o banco escriturador da sua ação e solicitar seus informes. Caso não saiba qual o banco escriturador, informe-se com o Relação com Investidores da sua empresa.

Quando vendi minhas ações, tive imposto de renda retido na fonte, por quê? O que devo fazer?

Quando você vende uma ação, é retido na fonte (pela corretora) o equivalente a 0,005% do valor total da operação. No caso do

---

12 As ações que o investidor recebe nestes casos possuem valor igual a zero.

daytrade a alíquota é de 1%. Se o imposto for equivalente a R$1,00 ou menos, esse imposto não é retido[13]. Você pode compensar este imposto do ganho de capital auferido no mês, ou seja, subtraí-lo do valor a ser pago de imposto[14].

---

13 Pergunta 657 do "Perguntão 2019" da Receita Federal.
14 O imposto retido na fonte só pode ser compensado até o mês de dezembro do ano em que houve a retenção. Pergunta 666 do "Perguntão 2019" da Receita Federal.

CAPÍTULO 21

ENRIQUECENDO SEU CONHECIMENTO

Apesar de termos coberto uma vasta gama de conhecimentos, sempre há algo mais a se apreender para nos tornarmos melhores investidores. Caso deseje ir um pouco mais a fundo no estudo sobre o investimento em ações, seguem sugestões:

Economia

Entender os fundamentos econômicos que motivam os participantes do mercado financeiro não só lhe trará ganhos como investidor, mas também como pessoa e cidadão. A Economia nada mais é do que o estudo da interação realizada pelos seres humanos em suas atividades diárias. Teorias sobre como essas ações ocorrem e até onde um agente externo, como o governo, deve interferir, já custaram a liberdade e a vida de muitas pessoas ao redor do mundo, e certamente trazem consequências à sua vida ainda hoje, afinal, o Brasil é um país onde o Estado tem grande poder de interferência sobre a economia. Um cidadão consciente das consequências catastróficas de ingerências econômicas fará melhores escolhas na hora de votar em seus políticos e defender suas ideias.

Para compreender o funcionamento da Economia de forma geral, recomendo o vídeo *"How the Economic Machine Works"*[1] do gestor Ray Dalio. Em seguida, o seu artigo com o mesmo título[2] que explora mais a fundo o assunto.

Política Monetária

O governo interfere na economia do país através da política monetária, que manipula a quantidade de dinheiro disponível, da política cambial, que interfere no câmbio, da política fiscal, através das leis de impostos e despesas do governo e da política de rendas, que são as leis que interferem em coisas como salário mínimo, forma como as empresas apuram lucros, etc.

Dessas, a mais utilizada é a política monetária. A política monetária controla a quantidade de dinheiro disponível para as pessoas. No entanto, o governo não imprime ou destrói dinheiro diretamente, ele faz isso de forma indireta, através dos bancos, que são instituições financeiras autorizadas a, literalmente, criar dinheiro do nada. Os títulos públicos exercem papel fundamental nesta política. Para compreender como isso funciona recomendo o artigo *"A Taxa SELIC – o que é, como funciona e outras considerações"* do economista Leandro Roque, disponível[3] no site do Instituto Mises Brasil.

Outra questão interessante é que, com a política monetária, o governo muitas vezes acaba decretando o início dos ciclos econômicos. Por isso, os investidores acompanham de perto o comportamento da taxa de juros dos títulos como uma forma de tentar prever o futuro da economia. O Instituto Mises Brasil também tem dois artigos interessantes sobre este assunto: *"A melhor ferramenta*

---

[1] Disponível no Youtube: https://www.youtube.com/watch?v=PHe0bXAIuk0 (também existem versões legendadas em português)
[2] Disponível em: https://www.economicprinciples.org/
[3] https://www.mises.org.br/Article.aspx?id=344

para se prever uma recessão nos EUA: a inversão da curva de juros"[4] ; e *"Economia Brasileira: águia ou galinha?"*[5]

Análise de Empresas

Analisar empresas é uma arte. Além disso, há diversas maneiras de se analisar os demonstrativos financeiros, dependendo do objetivo da análise.

Bancos que vão emprestar dinheiro para as empresas, por exemplo, estão mais preocupados na capacidade da empresa em pagar suas dívidas do que em outros aspectos que interessam aos investidores. Antes de decidir se aprofundar nesta área, tenha em mente que na maioria das vezes análises mais profundas não trarão melhores ganhos.

Na verdade, a análise de empresas boas costuma até ser um pouco monótona.

No entanto, se você se interessa por essa área sugiro assistir os vídeos no YouTube, ler relatórios ou acessar o *site* de analistas fundamentalistas. Alguns exemplos são: Canal do Holder, Suno Research, Bastter, O primo Rico e Eduardo Cavalcanti.

As próprias corretoras emitem relatórios com análises fundamentalistas sobre ações. Leia os relatórios para ver o que os profissionais da sua corretora estão pensando sobre o mercado.

Lembre-se, é recomendável que você utilize a experiência de outras pessoas para desenvolver sua própria estratégia e análise. Apenas seguir os analistas não vai levá-lo ao seu destino, pois seus objetivos são diferentes dos objetivos deles. Além disso, lembre-se que a chance de os profissionais acertarem o futuro é tão grande quanto a sua.

---

4 https://www.mises.org.br/Article.aspx?id=2971
5 https://www.mises.org.br/Article.aspx?id=2852

Relação com os Investidores

Todas as empresas com ações negociadas em bolsa têm um setor específico para se relacionar com seus investidores. Uma forma muito fácil de aprender mais sobre as empresas é acessar os *websites* específicos para os investidores, ler os relatórios feitos pela administração da empresa, assistir as palestras feitas para os acionistas e conferir as demais informações disponibilizadas pela empresa. Porém, tenha sempre em mente que a empresa procura passar uma visão otimista para seus investidores, podendo minimizar ou tratar de forma parcial certos acontecimentos negativos ou focar excessivamente nos positivos.

Estratégias de Investimento

A maioria da literatura de investimento em ações foi feita por grandes investidores e tratam sobre o mercado de ações estrangeiro, especialmente o dos EUA. Há diversos livros sobre análise fundamentalista e os indicadores que possam ser usados, sendo o mais famoso o livro "*O investidor Inteligente*" de Benjamin Graham.

O problema é que grande parte das dicas e fórmulas destes livros não se aplicam ao mercado brasileiro. O mercado de ações brasileiro é quase vinte vezes menor que o dos EUA, as pequenas empresas aqui têm dificuldade em crescer, há interferência governamental em praticamente todos os setores e a economia só se estabilizou a partir de 1994, quando foi criado o Plano Real.

Assim, ao ler estes livros, procure entender a ideia por trás dos indicadores e das dicas que eles ensinam e não apenas aplicar diretamente nos seus investimentos.

No final, a estratégia dos vencedores costuma ser sempre a mesma: comprar ações de boas empresas e pensar como sócio. O analista Eduardo Cavalcanti fez um vídeo que contém um apanhado de palestras de grandes investidores internacionais e brasileiros falando sobre esse assunto[6]. A Bolsa de Nova York já apresenta esta estratégia aos investidores americanos desde 1957[7]!

Controle de Investimentos

Se você quiser montar sua própria tabela de controle, ou entender melhor como o controle é feito na prática, acesse os artigos sobre controle de investimentos do site Investindo.org[8], onde este tópico é explorado com mais detalhes.

Especular

Se você desejar aprender mais sobre a especulação, recomendo o livro *"Aprenda a Operar no Mercado de Ações"* do autor Alexander Elder. Este livro dá uma visão geral sobre a teoria e a técnica para iniciar algumas operações.

Tenha sempre em mente que esta é uma atividade em que 99,00%[9] dos que tentam não atingem sucesso.

Remunerar sua Carteira de Ações (Aluguel)

Há algumas outras maneiras de se ganhar dinheiro com as suas ações além das que discutimos no livro. No entanto, os valores recebidos são pequenos e o trabalho envolvido é relativamente grande. A mais simples delas é o aluguel de ações.

---

6 Vídeo "Como investir em Ações | Bilionários da Bolsa" disponível em: https://www.youtube.com/watch?v=HswMGeG8RxM

7 Vídeo *"Working Dollars (1957)"*, disponível em: https://www.youtube.com/watch?v=sSx2U3JeitY

8 http://www.investindo.org/pratica/controle/

9 "Mais de 90% das pessoas que tentam viver de daytrade tem prejuízo" – jornal Valor Econômico. Disponível em: https://www.valor.com.br/financas/6149611/

É possível emprestar suas ações para que especuladores façam operações sem ter a ação que estão operando (venda descoberta). Em troca do empréstimo, você recebe uma taxa de aluguel (que depende de fatores como a demanda pela ação). Enquanto suas ações estão alugadas, os dividendos e outros eventos acionários ocorrem normalmente e os valores são repassados para você. Há alguns pormenores nessa operação que você precisa conhecer, caso deseje realizá-la. Os sistemas de aluguel variam conforme a corretora. Consulte a sua para saber mais.

CONCLUSÃO

Você agora tem uma noção geral do que são ações, suas características, como funciona a Bolsa de Valores e o que você deve fazer para começar a investir.

Com esse conhecimento você já pode começar seus investimentos em ações com tranquilidade e segurança.

O que foi mostrado neste livro é o suficiente para que o pequeno investidor compreenda o funcionamento do mercado acionário e possa iniciar suas operações.

Espero que o livro tenha atendido às suas expectativas e possa ter contribuído em sua trajetória como investidor.

Um país em que a grande maioria da população poupa e faz bons investimentos é um país que crescerá e proporcionará melhor qualidade de vida a todos os seus cidadãos.

Sinta-se à vontade para enviar críticas e sugestões através do e-mail contato@ericdornelas.com.br ou através do site www.ericdornelas.com.br.

Não deixe de ler os outros livros da série para aumentar seu conhecimento e suas possibilidades de investimento.

Bons investimentos!

REFERÊNCIAS

ANBIMA. **Sistema Financeiro Nacional e Participantes do Mercado.** 2018.

B3. **Manual de Procedimentos Operacionais.** Disponível em <http://www.b3.com.br/pt_br/regulacao/estrutura-normativa/operacoes/>. Acesso em: 28/03/2019.

B3. **Regulamento de Operações.** Disponível em <http://www.b3.com.br/pt_br/regulacao/estrutura-normativa/operacoes/>. Acesso em:28/03/2019.

BM&FBOVESPA. **Como abrir o capital da sua empresa no Brasil (IPO).** São Paulo, 2011. Disponível em < http://www.bmfbovespa.com.br/pt_br/listagem/acoes/abertura-de-capital/como-abrir-o--capital/>. Acesso em: 28/03/2019.

BRASIL. **Lei 4.595 de 31 de dezembro de 1964.** Disponível em < http://www.planalto.gov.br/ccivil_03/LEIS/L4595.htm> Acesso: 28/03/2019.

BRASIL. **Lei n° 6.404, de 15 de dezembro de 1976.** Disponível em < http://www.planalto.gov.br/ccivil_03/leis/L6404consol.htm>. Acesso em: 28/03/2019.

BRASIL. **Lei n° 6.385 de 7 de dezembro de 1976**. Disponível em < http://www.planalto.gov.br/ccivil_03/leis/L6385.htm>. Acesso em: 28/03/2019.

BUFFETT, Warren. **Carta aos Acionistas da Berkshire Hathaway. 2013**. Disponível em < http://www.berkshirehathaway.com/letters/2013ltr.pdf>. Acesso em: 28/03/2019.

CVM, Comissão de Valores Mobiliários. **Caderno 11, Uso Indevido de Informação Privilegiada (Insider Trading)**. Disponível em < http://www.investidor.gov.br/publicacao/listacadernos.html>. Acesso em: 28/03/2019.

CVM, Comissão de Valores Mobiliários. **Instrução n° 480, de 7 de dezembro de 2009**. Disponível em < http://www.cvm.gov.br/legislacao/instrucoes/inst480.html>. Acesso em: 28/03/2019.

CVM, Comissão de Valores Mobiliários. **Série CVM Comportamental – Volume 1, Vieses do Investidor**. 2015. Disponível em: <http://pensologoinvisto.cvm.org.br>. Acesso em: 28/03/2019.

FORTUNA, Eduardo. **Mercado Financeiro: Produtos e Serviços**, 18. ed. Rio de Janeiro: Qualitymark, 2010.

ROQUE, Leandro. **A taxa SELIC: O que é, como funciona e outras considerações (Parte 1)**. Disponível em: <https://www.mises.org.br/Article.aspx?id=344 >. Acesso em: 10 jan. 2019.

ROQUE, Leandro. **A taxa SELIC: O que é, como funciona e outras considerações (Parte 2)**. Disponível em: <https://www.mises.org.br/Article.aspx?id=355 >. Acesso em: 10 jan. 2019.

RECEITA FEDERAL. **Perguntas e Respostas sobre o Imposto sobre a Renda da Pessoa Física 2019 – "Perguntão 2019"**. 2019.

Disponível em < http://receita.economia.gov.br/interface/cidadao/irpf/2019/perguntao >. Acesso em: 28/03/2019.

LISTA DE FIGURAS

Figura 1	Reprodução de trecho do Estatuto Social da AMBEV S.A.	23
Figura 2	Evolução do Produto Interno Bruto do Brasil, em US$, no período de 1990 a 2018.	28
Figura 3	Evolução do Produto Interno Bruto Per Capita em US$, no período de 1996 a 2018.	29
Figura 4	Crescimento do PIB mundial a partir de 1960.	30
Figura 5	Volume de IPO em bilhões de reais comparados à variação do IBOVESPA, de 2004 a 2018.	57
Figura 6	Situação patrimonial antes e depois do recebimento de dividendos	79
Figura 7	Situação patrimonial antes e depois de uma bonificação em ações de 10%, ou 1 nova ação para cada 10.	81
Figura 8	Situação patrimonial antes e depois de um grupamento de 2 para 1.	85
Figura 9	Situação patrimonial antes e depois de um desdobramento de 1 para 2 ou 100%.	86
Figura 10	Média móvel de 6 meses das cotações mensais de ODPV3 e o histórico de lucro líquido anual no período de 06/2009 a 01/2019.	144
Figura 11	Média móvel de 6 meses das cotações mensais de ODPV3 e o histórico de lucro líquido anual sem os eventos não recorrentes, no período de 06/2009 a 01/2019.	145
Figura 12	Média móvel de 6 meses das cotações mensais de PETR3 e o histórico de lucro líquido anual no período de 06/2009 a 01/2019.	146

Figura 13	Média móvel de 6 meses das cotações mensais de PETR3 e o histórico de lucro líquido anual sem os eventos não recorrentes, no período de 06/2009 a 01/2019.	146
Figura 14	Exemplo de tela inicial de um *homebroker*	192
Figura 15	Carteira de ações	193
Figura 16	Janela de saldo da conta corrente	193
Figura 17	Gráfico de velas (*candlestick*) do preço de uma ação ao longo do tempo.	195
Figura 18	Exemplo de velas de um gráfico de velas. Para facilitar a visualização, são utilizadas cores diferentes para os períodos de alta (preço de abertura menor que o preço de fechamento) e períodos de baixa (preço de abertura maior que o preço de fechamento).	196
Figura 19	Livro de ofertas de PETR4.	197
Figura 20	Formulário para envio ordens no *homebroker*.	198
Figura 21	Cesta de ordens	198
Figura 22	Livro de ofertas de ITUB3.	200
Figura 23	Livro de ofertas de ITUB3F	201
Figura 24	Boleto de Compra de 29 ITUB3F pelo preço de R$33,57 com ordem válida até cancelar.	202
Figura 25	Cesta de ordens constando a ordem de compra de 29 ITUB3F enviada através do homebroker, com o status de "aceita pela bolsa".	203
Figura 26	Exemplo de Nota de Corretagem	204
Figura 27	Página inicial do CEI	209
Figura 28	Menu Investimentos do CEI	210
Figura 29	Carteira de ativos do CEI	210
Figura 30	Menu Proventos do CEI	211
Figura 31	Consulta de proventos no CEI	211

LISTA DE FIGURAS 253

Figura 32 Menu Extratos e Informativos do CEI. 212

Figura 33 Menu Extratos e Informativos do CEI. 213

Figura 34 Relatório de negociação de ativos do CEI. 213

Figura 35 DARF 225

Figura 36 Quadro de Operações Comuns / Day-Trade do programa de declaração de Imposto de Renda. 227

Figura 37 Declaração de ganhos isentos na venda de ações. 228

Figura 38 Declaração de ações em custódia na seção de Bens e Direitos 229

Figura 39 Declaração de dividendos recebidos. 230

Figura 40 Declaração de Juros Sobre Capital. 231

Figura 41 Declaração de ações bonificadas 232

Figura 42 Declaração de valores recebidos como frações de ação. 233

Figura 43 Declaração de Rendimentos sobre Juros sobre Capital. 235

Figura 44 Declaração de créditos em trânsito. 236

LISTA DE TABELAS

Tabela 1	Divisão do Capital Social da INVESTINDO S.A.	21
Tabela 2	Divisão acionária da INVESTINDO S.A.	22
Tabela 3	Divisão acionária da INVESTINDO S.A. tendo um acionista majoritário.	25
Tabela 4	Rendimentos total, anual e real, e valor final calculado com base num investimento inicial de R$ 1.000,00 por ação de algumas empresas brasileiras, negociadas em Bolsa de Valores, no período de 01/06/2009 a 01/03/2019, considerando-se as cotações históricas mensais ajustadas, bem como o índice CDI e o índice IBOVESPA.	32
Tabela 5	Segmentos de listagem da B3 e alguns dos seus requisitos.	55
Tabela 6	Influência de uma taxa de R$10,00 sobre um investimento, considerando-se dois valores de investimento.	92
Tabela 7	Valores da taxa de manutenção de custódia cobrada pela Bolsa e Valores	96
Tabela 8	Valores da taxa sobre a custódia cobradas pela Bolsa de Valores	96
Tabela 9	Balanço Patrimonial hipotético para a empresa INVESTINDO S.A.	107
Tabela 10	Informações básicas do Balanço Patrimonial	108
Tabela 11	Ativo do Balanço Patrimonial da AMBEV S.A. para o exercício social encerrado em 31/2/2018.	113
Tabela 12	Passivo do Balanço Patrimonial da AMBEV S.A. para o exercício social encerrado em 31/2/2018.	121
Tabela 13	DRE hipotética para a INVESTINDO S.A.	122

Tabela 14	Informações básicas da DRE.	123
Tabela 15	DRE da AMBEV S.A. para o exercício social encerrado em 31/2/2018.	125
Tabela 16	Demonstração de fluxo de caixa hipotética	126
Tabela 17	Demonstração do Fluxo de Caixa pelo método indireto	127
Tabela 18	Demonstração de Fluxo de Caixa pelo método direto	128
Tabela 19	Demonstração de Fluxo de Caixa da AMBEV S.A. para o exercício social encerrado em 31/2/2018.	131
Tabela 20	Histórico do Lucro Líquido de algumas empresas brasileiras, em milhões de reais, no período de 2009 a 2018.	143
Tabela 21	Margem Líquida e rendimento da ação no período de 2009 a 2018.	148
Tabela 22	ROE e rendimento da ação no período de 2009 a 2018.	149
Tabela 23	Lucro Líquido da Natura S.A. no período de 2009 a 2018.	150
Tabela 24	Patrimônio Líquido da Natura S.A. no período de 2009 a 2018.	150
Tabela 25	Dívida Bruta, Caixa e Dívida Líquida da Ambev S.A. no período de 2009 a 2018.	151
Tabela 26	Dívida Bruta, Caixa e Dívida Líquida da Natura S.A. no período de 2009 a 2018.	151
Tabela 27	Informações de fluxo de caixa da CCR S.A. no período de 2009 a 2018.	154
Tabela 28	Informações de fluxo de caixa da OdontoPrev S.A. no período de 2009 a 2018.	155
Tabela 29	Variações diárias do IBOVESPA no período de um mês.	159
Tabela 30	Exemplo de metas de investimento para empresas de forma a diversificar o valor aplicado em cada ação.	174
Tabela 31	Exemplo de compra e venda simples no mercado à vista.	219

Tabela 32	Exemplo de compra e venda no mercado à vista, ultrapassando os R$20.000,00 mensais.	219
Tabela 33	Exemplo de compra e venda no mercado à vista, com compras em meses diferentes.	220
Tabela 34	Exemplo de compra e venda no mercado à vista, com compras em meses diferentes e compensação de prejuízos.	221
Tabela 35	Exemplo de operação *daytrade*.	223
Tabela 36	Exemplo de operação *daytrade* e no mercado a vista com a mesma ação.	223

ÍNDICE ANALÍTICO

A
abertura de capital 38, 40, 42, 53, 56, 63
ação 17, 18, 22, 23, 24, 25, 26, 27, 31, 32, 33, 36, 37, 38, 39, 40, 41, 42, 43, 45, 49, 50, 51, 52, 53, 54, 55, 56, 57, 58, 59, 61, 62, 63, 64, 65, 66, 67, 68, 69, 70, 71, 72, 73, 74, 75, 77, 78, 80, 81, 82, 83, 84, 85, 86, 87, 88, 89, 91, 92, 93, 94, 95, 96, 97, 98, 99, 100, 101, 102, 103, 104, 129, 131, 134, 138, 139, 142, 143, 145, 148, 149, 155, 156, 157, 158, 160, 161, 162, 163, 166, 167, 169, 170, 171, 172, 173, 174, 175, 176, 178, 179, 180, 181, 185, 188, 189, 191, 193, 194, 195, 196, 197, 198, 199, 200, 201, 204, 205, 207, 208, 209, 210, 213, 214, 215, 217, 218, 219, 220, 221, 222, 223, 224, 225, 226, 227, 228, 229, 232, 233, 234, 235, 236, 237, 239, 241, 242, 243, 244
  aluguel de 243, 244
  código ou ticker 68
  como comprar 198
  definição 22
  eventos com 77
  forma de negociação 68
  fração. *Consulte* **fração de ação**
  ganhar dinheiro com 18
  ordinária 23, 49, 50, 51, 52, 57, 69, 138
  preço 18
  preço da ação bonificada 81
  preferencial 49, 50, 51, 52, 69
    recebe mais dividendos? 52
  proteção em troca de controle. *Consulte* **tag along**

recompra 95
tipos de 49
unit 69
acionista 25, 26, 31, 33, 55, 61, 77, 78, 79, 89, 95, 134, 147
    controlador ou majoritário 25, 50, 56, 57, 58, 138
    minoritário 25, 50, 52, 56, 58, 138
    responsabilidade 25
administração 25, 50, 53, 55, 57, 58, 63, 103, 104, 122, 132, 134, 138, 147, 150, 151, 152, 154, 242
agência de risco 65
agente
    autônomo de investimentos 63
amortização 128, 137
análise 31, 65, 74, 133, 141, 142, 147, 156, 157, 160, 162, 163, 178, 241, 242
    fundamentalista 162
    técnica 162
analista 47, 64
ANBIMA. *Consulte* **Associação Brasileira das Entidades dos Mercados Financeiro e de Capitais**
    atividades 46
assembleia 23, 24, 25, 49, 57
    de acionistas 24
Associação Brasileira das Entidades dos Mercados Financeiro e de Capitais 46
autorregulação 46, 47, 48, 132

B
BACEN. *Consulte* **Banco Central**
Balanço Patrimonial 106, 107, 108, 113, 121, 126, 133, 135, 137, 152
    exemplo 108
    informações 108
    onde obter? 132
    o que é 106

banco 35, 42, 43, 53, 67, 71, 99, 184, 185, 186, 187, 188, 190, 237
Banco Central 28, 29, 44, 45, 183, 188, 189
blue chip 84
bolsa de mercadorias e futuros 62
bolsa de valores 17, 18, 27, 32, 33, 35, 36, 37, 38, 39, 40, 41, 42, 46, 47, 48, 50, 51, 53, 54, 58, 61, 63, 67, 68, 71, 72, 77, 91, 96, 165, 166, 168, 171, 173, 176, 183, 186, 191
   antigamente 36
   autorregulação 47
   é um cassino? 38
   função 36
   horário de funcionamento 73
   no Brasil 37
   passos para operar 67
bonificação 77, 80, 81, 87, 218, 232, 233, 234
   preço da ação bonificada. *Consulte* **ação: preço da ação bonificada**
BSM. *Consulte* **bolsa de valores: autorregulação**

C

caixa 70, 77, 126, 127, 130, 136, 137, 140, 150, 151, 152, 153, 154, 155, 163
   fluxo de. *Consulte* **fluxo de caixa**
câmaras de compensação e liquidação 64
Canal Eletrônico do Investidor 208
candlestick. *Consulte* **gráfico de velas**
CAPEX 153, 154, 155
capital aberto 40, 49, 106
   o que são empresas de capital aberto? 40
capital fechado 40
capitalista 27, 28
   sistema 27, 28
capital social 17, 21, 22, 23, 25, 75, 80, 82, 107, 108, 119
CBLC. *Consulte* **Companhia Brasileira de Liquidação e Custódia**

CDI. *Consulte* **certificado de depósito interbancário**
CEI. *Consulte* **Canal Eletrônico do Investidor**
certificado de depósito de ações. *Consulte* **ação: unit**
certificado de depósito interbancário 32, 33
clearing 64
CMN. *Consulte* **Conselho Monetário Nacional**
Comissão de Valores Mobiliários 45, 186
Comitê de Política Monetária 44
commodities 62
companhia 17, 22, 49, 59
Companhia Brasileira de Liquidação e Custódia 64
compensação 64, 221
  o que é 64
conselho de administração 23, 24
Conselho Monetário Nacional 44
contratos futuros 62
controle 40, 46, 49, 50, 51, 56, 57, 61, 62, 72, 102, 103, 135, 139, 140,
    147, 173, 175, 207, 214, 215, 217, 218, 243
coordenador 53
COPOM. *Consulte* **Comitê de Política Monetária**
corretagem 95, 204
  como computar várias compras 215
  nota de 204
  para ordens executadas parcialmente 203
corretora 17, 53, 63, 67, 68, 70, 78, 80, 83, 84, 95, 96, 97, 98, 99, 184,
    185, 186, 187, 188, 189, 190, 191, 194, 197, 203, 204, 208, 210,
    211, 212, 213, 214, 229, 237, 241, 244
corretora de valores
  abrindo uma conta 185
  escolhendo uma 184
  por que existem 183
  riscos 188
cotação 89, 143, 144, 145, 146, 147, 156, 163, 176, 210, 229
  acompanha os lucros 143

crescimento 28, 29, 30, 31, 33, 35, 36, 37, 43, 93, 95, 134, 143, 157, 167, 176
    do PIB 28
    do PIB mundial 30
    do PIB per capita 29
    opções para 35
custo 28, 31, 39, 84, 91, 95, 131, 137, 148, 215, 216
custódia 63, 64, 70, 71, 80, 83, 84, 87, 96, 98, 188, 189, 190, 208, 209, 211, 212, 229, 237
    conta de 70
    de ações não negociadas em bolsa de valores 71
    o que é 70
    taxa de. *Consulte* **taxa: de manutenção da conta de custódia**
    taxa de manutenção. *Consulte* **taxa: de manutenção da conta de custódia**
CVM. *Consulte* **Comissão de Valores Mobiliários**

D
data
    com 88
    ex 88
daytrade 98, 217, 218, 223, 224, 226, 238, 243
Demonstração do Fluxo de Caixa 106, 153, 154
    exemplo 128
    métodos 127
    onde obter? 132
Demonstração do Resultado do Exercício 106, 121
    exemplo 123
    informações 122
    onde obter? 132
    o que é 121
Demonstrações Financeiras Padronizadas 106
depreciação 128, 137
derivativo 62

desdobramento 77, 86, 87
desempenho 33, 35, 100, 139, 167, 173, 175, 177
  comparação com IBOVESPA 33
DFC. *Consulte* **Demonstração do Fluxo de Caixa**
DFP. *Consulte* **Demonstrações Financeiras Padronizadas**
dinheiro 17, 18, 21, 22, 26, 27, 28, 30, 31, 33, 35, 36, 37, 38, 40, 42, 43, 51, 53, 54, 55, 56, 64, 67, 68, 70, 71, 77, 79, 80, 81, 82, 83, 84, 86, 87, 92, 93, 94, 95, 99, 102, 103, 106, 107, 121, 126, 127, 133, 134, 136, 137, 140, 141, 147, 148, 149, 150, 151, 152, 153, 154, 155, 156, 157, 160, 162, 163, 166, 168, 170, 172, 173, 175, 176, 177, 178, 179, 180, 184, 186, 187, 188, 189, 190, 194, 214, 233, 234, 240, 241, 243
  emprestar dos bancos 35
dívida 36, 44, 51, 100, 122, 126, 127, 130, 135, 138, 139, 140, 150, 151, 152
dividendo 49, 51, 52, 58, 61, 77, 78, 79, 80, 88, 89, 92, 94, 95, 103, 153, 154, 156, 167, 179, 214, 218, 230, 235, 244
dividend yield 88
DRE. *Consulte* **Demonstração do Resultado do Exercício**

E
EBIT 123, 141
economia 239, 240, 241
emolumentos 96
empreendedor 27, 45
empresa 17, 18, 21, 22, 23, 24, 25, 26, 27, 30, 31, 32, 33, 34, 35, 36, 37, 38, 39, 40, 41, 42, 45, 46, 47, 49, 50, 51, 52, 53, 54, 55, 56, 57, 58, 59, 61, 63, 65, 67, 68, 69, 71, 75, 77, 78, 79, 80, 81, 82, 83, 84, 85, 86, 87, 88, 89, 92, 93, 94, 95, 100, 101, 102, 103, 104, 105, 106, 107, 108, 117, 121, 122, 126, 132, 133, 134, 135, 136, 137, 138, 139, 140, 141, 142, 143, 144, 145, 147, 148, 149, 150, 151, 152, 153, 154, 155, 156, 157, 160, 163, 165, 167, 168, 169, 170, 171, 173, 174, 175, 176, 177, 178, 179, 180, 181, 188, 208, 218, 228, 229, 230, 231, 232, 233, 234, 235, 236, 237, 240, 241, 242

como analisar 133
declara falência 26
de crescimento 95
de dividendos 95
divisão da posse 22
divisão dos lucros 22
é esperado que gerem mais retorno 31
evolução em dez anos 32
grande diferencial 30
tipos de 22
troca de controle 50
empresário 27, 28, 30, 31
especulador 39, 93, 157, 158, 161, 162, 166
estatuto social 23, 24, 78
  exemplo de 23
estratégia 171, 173
eventos acionários 77
  não criam dinheiro 77
exercício social 106, 121, 177

F
falência 26
fechamento de capital 40
  consequências para o acionista minoritário 58
fluxo de caixa 126, 127, 136, 152, 153, 154, 155, 163
Fluxo de Caixa de Investimentos 152, 153, 154, 155
Fluxo de Caixa Financeiro 153, 155
Fluxo de Caixa Livre 152, 153
Fluxo de Caixa Operacional 152, 153, 154
Formulário de Informações Trimestrais 106
fração de ação 87
free float 55, 56
  por que se preocupar? 56

G

gráfico de velas 194
　como fazer 195
grupamento 77, 84, 85, 86, 87

H

homebroker 97, 98, 191, 192, 198, 203, 205

I

IBOVESPA 32, 33, 56, 57, 159
imposto de renda 62, 81, 97, 111, 112, 113, 117, 123, 124, 130, 207, 217, 218, 226, 227, 232
　como calcular 218
　DARF 225
　retido na fonte 237
índice 32, 33, 141
　CDI. *Consulte* **certificado de depósito interbancário**
　de cobertura 141
　IBOVESPA. *Consulte* **IBOVESPA**
informe de rendimentos 237
Initial Public Offering. *Consulte* **abertura de capital**
insider 58, 59
　combate ao insider trading 59
instituição escrituradora 61
investidor 17, 18, 27, 30, 33, 34, 35, 36, 37, 38, 39, 40, 41, 42, 44, 46, 47, 49, 50, 51, 52, 53, 54, 55, 56, 58, 59, 62, 63, 64, 65, 66, 69, 70, 71, 72, 73, 74, 76, 77, 78, 80, 81, 82, 84, 85, 86, 87, 88, 93, 94, 95, 96, 97, 98, 99, 100, 101, 102, 103, 104, 105, 107, 132, 138, 139, 149, 151, 152, 153, 157, 158, 159, 160, 161, 162, 163, 165, 166, 167, 168, 169, 170, 171, 172, 175, 176, 177, 178, 181, 183, 184, 185, 186, 191, 195, 196, 197, 207, 208, 215, 219, 220, 222, 223, 224, 225, 229, 232, 234, 235, 237, 239, 240, 241, 242, 243
　fatores essenciais 165
　o investidor inteligente 167

onde se encontra um? 36
os grandes investidores 160
pequeno. *Consulte* **pequeno investidor**
vantagens de se conseguir um 36
investimento 18, 21, 27, 30, 31, 32, 33, 39, 40, 45, 46, 49, 50, 63, 64,
 65, 66, 74, 91, 92, 97, 99, 100, 101, 102, 104, 122, 130, 133, 134,
 135, 136, 141, 142, 145, 147, 152, 153, 154, 155, 157, 158, 159,
 160, 163, 165, 166, 167, 168, 170, 172, 173, 174, 175, 177, 178,
 179, 181, 184, 185, 190, 194, 207, 208, 209, 214, 216, 239, 242,
 243
 valor mínimo 91. *Consulte também* **valor mínimo**
investir 17, 18, 27, 33, 40, 51, 52, 56, 63, 65, 95, 99, 102, 133, 134, 136,
 139, 142, 147, 162, 163, 167, 168, 171, 172, 174, 175, 176, 177,
 179, 180, 184, 187, 200, 214, 243
 começar a investir 18
 em ações é arriscado? 18
 em ações preferenciais vale a pena? 51
IPO. *Consulte* **abertura de capital**
 existe vantagem? 39
 volume de 57
ITR. *Consulte* **Formulário de Informações Trimestrais**

J
JCP. *Consulte* **juro sobre capital**
juro sobre capital 77
juros sobre capital 79, 231

L
leilão 68, 73, 74, 87
 de abertura 73
 de fechamento 74
 durante o pregão 74
liquidação 64, 70, 71, 72, 96, 131, 188, 194, 214
 o que é 64, 70

liquidez 91, 99, 100, 103, 104, 136, 139, 171, 197, 201
  como verificar 99
  consequências da baixa liquidez no preço 100
  o que é 99
listagem
  segmento de. *Consulte* **segmento de listagem**
lucro 17, 18, 22, 24, 27, 30, 31, 77, 78, 79, 80, 84, 89, 92, 93, 95, 97, 105, 121, 127, 134, 135, 137, 138, 139, 140, 142, 143, 144, 145, 146, 147, 148, 149, 150, 152, 157, 158, 162, 163, 166, 169, 170, 214, 215, 219, 220, 222, 223, 225, 227, 228, 229, 240
  opções do empresário 31

M
margem líquida 140, 147, 148
mercado acionário 41, 42, 43, 47, 61, 167
  participantes 61
mercado a termo 73
mercado à vista 71, 72, 73, 86, 92, 97, 199, 200, 201, 205, 219, 220, 221, 227, 228
mercado de balcão 72
mercado de capitais 45, 47, 67
  regulação 45
mercado financeiro 37, 42, 43, 46, 47, 65, 166, 167, 168, 239
mercado fracionário 71, 72, 73, 97, 199, 200, 201, 205
mercado primário 38, 39
mercado secundário 38, 39, 40, 59, 83, 84
mesa de operações 98
Mises 240

N
negociação
  suspensão da 75

O

oferta pública de aquisição 40, 58. *Consulte também* **fechamento de capital**
oferta pública inicial 37, 39, 40. *Consulte também* **abertura de capital**
ON. *Consulte* **ação: ordinária**
OPA. *Consulte* **fechamento de capital**; *Consulte também* **oferta pública de aquisição**
opção
  de ação 62
ordinária
  ação. *Consulte* **ação: ordinária**

P

patrimônio 25, 31, 74, 78, 81, 93, 94, 95, 100, 134, 135, 136, 138, 140, 149, 174, 181, 189, 229
patrimônio líquido 134, 136, 138, 149
payout 89
pequeno investidor 27, 38, 49, 50, 56, 59, 73, 97, 99, 100, 160, 161, 162, 166, 167, 172, 181, 191
PIB. *Consulte* **produto interno bruto**
planilha 214, 215
PN. *Consulte* **ação: preferencial**
política cambial 240
política de rendas 240
política fiscal 240
política monetária 45, 240
preço 18, 23, 31, 37, 39, 40, 50, 51, 56, 59, 62, 65, 68, 73, 74, 75, 77, 78, 80, 81, 82, 83, 85, 86, 87, 88, 91, 92, 93, 98, 100, 101, 102, 103, 104, 143, 157, 158, 159, 160, 161, 166, 171, 172, 173, 176, 180, 192, 193, 194, 195, 196, 197, 198, 199, 200, 201, 202, 203, 204, 205, 210, 215, 218, 220, 221, 222, 224, 229, 232
  da ação bonificada. *Consulte* **ação: preço da ação bonificada**
  de abertura 73, 195, 196
  de fechamento 74, 78, 195, 196

de onde vem o preço das ações? 93
preferencial
   ação. *Consulte* **ação: preferencial**
produto interno bruto 28, 29, 30
   crescimento do. *Consulte* **crescimento: do PIB**
   per capita 29
prospecto 53, 54
   informações do 53

R
receitas 118, 122, 123, 124, 135, 225
recompra
   de ações. *Consulte* **ação: recompra**
regime de caixa 126
regime de competência 126, 152
regulação 42, 43, 46
   órgãos de 43
renda fixa 30, 31, 33, 173, 180
rendimento 27, 30, 31, 32, 33, 34, 39, 45, 62, 91, 92, 94, 103, 142, 147, 148, 149, 161, 168, 175, 184, 190, 207, 208, 212, 218, 227, 230, 231, 232, 233, 234, 235, 236, 237
   de R$1.000,00 investidos em empresas brasileiras durante 10 anos 32
   extraordinário 27
   ilimitado 30
   média 32
   real 32
   total 32
resultado 33, 35, 37, 40, 53, 58, 65, 79, 93, 102, 105, 106, 122, 129, 132, 133, 135, 136, 137, 138, 139, 141, 142, 143, 144, 145, 147, 148, 150, 153, 156, 163, 167, 168, 175, 176, 177, 178, 181, 188, 226, 235
   tipos de demonstração 106
Return on Equity. *Consulte* **ROE**

risco 18, 30, 31, 33, 36, 38, 41, 65, 66, 72, 100, 101, 102, 103, 104, 141,
    161, 163, 166, 168, 169, 171, 172, 173, 186, 188, 194
  como diminuir seu risco 173
  de liquidez 104
    como se proteger 104
  de mercado 101
  econômico 102
  específicos 103
  judicial 103
  regulatório 102
  tipos de 101
  tributário 103
ROE 140, 149, 150

S
salário 28, 167, 240
segmento de listagem 54
  requisitos 55
seguro 36, 62
SELIC 44, 240
sistema capitalista. *Consulte* **capitalista: sistema**
sistema econômico 18, 27
sistema financeiro 41, 42, 43
  consequências da perda de confiança 43
  é alavancado 43
  funções 42
  o que é 42
sociedade anônima 17, 22, 24, 25, 45, 49
sócio 23, 25, 27, 31, 37, 39, 49, 50, 51, 56, 57, 92, 101, 134, 157, 242.
  Consulte também **acionista**
  controlador ou majoritário. *Consulte* **acionista: controlador ou majoritário**
  minoritário. *Consulte* **acionista: minoritário**
spread 100, 197, 201

subscrição 23, 82, 83, 84, 214
  direito de subscrição 82, 83, 84, 214
  exercendo 83
  expirando 84
  vendendo 83
supervisão
  de mercados. *Consulte* **bolsa de valores: autorregulação**

T
tag along 50, 55, 57
taxa 30, 63, 92, 96, 97, 98, 168, 203, 216, 240, 244
  combinada 30
  de corretagem. *Consulte* **corretagem**
  de juros 240
  de manutenção da conta de custódia 96
  formas apresentadas pelas corretoras 97
  influência da taxa de corretagem 92
  sobre o valor em custódia 96
tipo
  de ação. *Consulte* **ação: tipos de**
título. *Consulte* **títulos públicos**

U
unit. *Consulte* **ação: unit**

V
valor 21, 23, 27, 28, 32, 50, 51, 56, 57, 74, 77, 78, 79, 80, 81, 82, 84, 85, 87, 88, 91, 92, 93, 94, 95, 96, 97, 101, 107, 135, 137, 141, 150, 155, 160, 162, 168, 173, 174, 179, 180, 181, 194, 197, 199, 215, 216, 219, 221, 223, 225, 226, 227, 228, 229, 230, 231, 232, 233, 234, 235, 236, 237, 238, 243
  para a sociedade 27
valores, bolsa de. *Consulte* **bolsa de valores**
valores, corretora de. *Consulte* **corretora**

valores mobiliários 45, 46
  exemplos de 45
valorização 18, 92, 93, 94, 95, 134, 136, 157, 158, 166, 167
valor mínimo 91
valor patrimonial 80, 93, 94
vencimento, data de. *Consulte* **data de vencimento**
vieses cognitivos. *Consulte* **vieses psicológicos**
vieses psicológicos 169
voto 23, 24, 49, 50, 57

SOBRE O AUTOR

Eric Dornelas, é formado em Administração e Ciências Aeronáuticas pela Academia da Força Aérea Brasileira.

Em 2009 iniciou seu caminho no mundo dos investimentos, começando pelos Fundos de Investimento e mais tarde se aprofundando na Renda Variável.

Desde o começo se interessou muito pelo tema se dedicando à leitura de livros, cursos e muito estudo sobre o mercado financeiro. Com o tempo, percebeu que seus amigos e familiares, assim como as pessoas em geral, ainda tinham dúvidas básicas sobre investimentos e que havia uma falta de ensinamentos realmente práticos sobre o assunto.

Com isso em mente, escreveu o livro Aprenda a Investir no Mercado Financeiro, com uma abordagem simples e prática de como investir em ativos financeiros em geral.

O site Investindo.org surgiu como um complemento ao livro buscando aumentar o alcance e difusão das informações.

Sempre em busca da melhoria contínua, o autor segue estudando e aprendendo, procurando divulgar o conhecimento de forma simples e rápida para que mais brasileiros possam investir com segurança, colher os frutos de seus esforços e engrandecer o Brasil.

Made in the USA
Columbia, SC
25 April 2025